Las 36 leyes espirituales de la vida

DIANA COOPER

Las 36 leyes espirituales *de la vida*

EDICIONES OBELISCO

Si este libro le ha interesado y desea que le mantengamos informado
de nuestras publicaciones, escríbanos indicándonos qué temas son
de su interés (Astrología, Autoayuda, Ciencias Ocultas, Artes Marciales,
Naturismo, Espiritualidad, Tradición...) y gustosamente le complaceremos.

Puede consultar nuestro catálogo en www.edicionesobelisco.com

Colección Espiritualidad y Vida Interior
Las 36 leyes espirituales de la vida
Diana Cooper

1.ª edición: noviembre de 2003
9.ª edición: octubre de 2012

Título original: *A Little Light on the Spiritual Laws*

Traducción: *Montserrat Ribas*
Diseño de cubierta: *Enrique Iborra*

© 2000, Diana Cooper
(Reservados todos los derechos)
© 2004, Ediciones Obelisco, S. L.
(Reservados los derechos para la presente edición)

Edita: Ediciones Obelisco S. L.
Pere IV, 78 (Edif. Pedro IV) 3.ª planta, 5.ª puerta
08005 Barcelona - España
Tel. 93 309 85 25 - Fax 93 309 85 23
E-mail: info@edicionesobelisco.com

Paracas, 59 C1275AFA - Buenos Aires - Argentina
Tel. (541-14) 305 06 33 - Fax: (541-14) 304 78 20

ISBN: 978-84-9777-054-5
Depósito Legal: B-21.620-2011

Printed in Spain

Impreso en España en los talleres gráficos de Romanyà/Valls S.A.
Verdaguer, 1 - 08786 Capellades (Barcelona)

Introducción

LA vida en la Tierra es un juego de equipo. Es imprescindible aprender las reglas para que podamos participar y aportar nuestra propia contribución. Un partido de fútbol se convertiría en un caos si todo el mundo hiciera lo que quisiera, así que a los jugadores se les enseñan las reglas antes de que salgan al campo de juego. Del mismo modo nos enseñan las leyes espirituales antes de nacer. Cuando comprendemos y seguimos las leyes espirituales, podemos crear el cielo en la Tierra. Pero la vida en la Tierra se ha convertido en un «sálvese quien pueda» porque las personas han olvidado las reglas o han decidido no acatarlas.

Este libro te recuerda y ayuda a comprender las leyes espirituales.

Durante milenios los seres humanos han jugado a este juego como una pandilla de niños atolondrados. Las relaciones se han basado en la necesidad y el deseo de control, el éxito se ha medido por las ganancias y posesiones materiales. Las emociones predominantes han sido la rabia, el dolor y el miedo, porque las personas se han concentrado en las sensaciones físicas y sexuales.

Cuando los seres humanos se toman demasiado en serio a sí mismos, se vuelven críticos y juzgan, tanto a ellos mismos como a los demás. Muchas se sienten tensos y fuera de control. Muchas veces la persona siente que tiene que justificar su existencia o demostrar su superioridad, así que la vida se convierte en una lucha de poder y prevalece la falta de armonía.

Éste es el viejo paradigma para la vida en la Tierra.

Es hora de cambiar. Las personas están empezando a sentir en sus corazones un divino descontento. La consciencia de masas de la

Tierra está cambiando y las personas ya no se sienten satisfechas con la necesidad y la ambición. Queremos un modo de vida mejor. Para conseguirlo nos piden que nos aprendamos las reglas, que trabajemos en equipo y que juguemos limpio. Estamos preparándonos para ser promocionados a una liga superior.

Como colectividad, nos encontramos en el proceso de trasladarnos a una dimensión más elevada. Los antiguos hábitos y los temas pendientes están saliendo a la superficie para que podamos examinarlos y soltarlos, dejando espacio para lo nuevo. Las estructuras sociales se están empezando a resquebrajar. Las monarquías, los parlamentos, las grandes empresas, los bancos y todas las vetustas y caducas instituciones se están dirigiendo hacia el cambio o la extinción. Algunas guerras parecen forúnculos: la rabia contenida se ha infectado y se ha convertido en hostilidad, y ahora está saliendo como si se tratara de pus.

Actualmente muchas personas, a través del trabajo duro, la cooperación y la disciplina, han alcanzado la liga superior. Están jugando la final de la copa ante la mirada de todo el mundo y sirviendo de inspiración para todos. Cuando alcances este nivel, no te preocupes por aquellos que siguen ignorando las reglas. Conviértete en un ejemplo de cómo se puede jugar este juego.

Cuando seguimos las reglas espirituales somos capaces de alcanzar la iluminación. Experimentamos un sentimiento de unidad y vivimos en el amor, la compasión y la confianza. Nos convertimos en maestros, siguiendo nuestra propia guía y no permitimos que nadie nos desvíe de nuestro camino. Nuestra mayor alegría es servir a la humanidad y al Universo.

Esto es el paraíso en la Tierra. La vida se llena de gozo, serenidad y armonía. Cooperamos con los demás y les reconocemos su valor. Nos liberamos de nuestros deseos egoístas y vivimos para lo Divino.

La Tierra es un plano donde existe el libre albedrío. Podemos optar por seguir o no las leyes. No obstante, recogemos las recompensas si lo hacemos y cargamos con las consecuencias si no lo hacemos.

La gente suele preguntar hasta qué punto tenemos libre albedrío y cúantas son las cosas que resultan inevitables. Tu Yo superior toma ciertas decisiones antes de que llegues a la Tierra. Tu alma toma esas decisiones basándose en las experiencias que necesitas para tu evolución.

Puedes escoger nacer de unos padres difíciles porque ellos encarnan el reto que tu alma necesita. Aunque puedas rechazar esta idea como ridícula, tu alma contempla tu vida desde una perspectiva superior. Puedes conocer a la persona con la que te casas porque tienes un karma que pagar o porque te has ganado el derecho a ser feliz con ella. Puede que tengas un hijo que muera porque tu alma necesita experimentar la pérdida. Tu vida se puede ver totalmente desbaratada a los treinta años por acontecimientos inesperados.

Éstas son decisiones anteriores al nacimiento que resultan inevitables. Pero dispones de tu libre albedrío por lo que se refiere a cómo afrontar cada una de esas circunstancias, y puedes tomar decisiones sobre todas las demás cosas de tu vida. Es algo parecido a comprar un billete de avión para dar la vuelta al mundo. Hay ciertas paradas y vuelos reservados con antelación que se acuerdan antes de partir. Lo que haces el resto del tiempo es cosa tuya.

A medida que sigues las leyes espirituales y haces que tu juego sea superior, se te va revelando cuál es tu misión aquí. Cuando tienes una visión de lo que has decidido lograr durante tu viaje por la Tierra, tu lucidez y tu propósito te llenan de alegría.

Nos estamos preparando para el año 2012, aproximadamente, momento en que habrá un despertar masivo de la consciencia humana. Tendrá lugar un salto cuántico.

Una vez cada diez millones de años hay un momento de quietud, un momento de silencio total en el Universo. En ese momento tienen lugar cambios que están más allá de nuestra comprensión. Carecemos absolutamente de un concepto que pueda describir la enormidad de lo que nos espera en ese momento.

El calendario de la civilización maya termina en el año 2012, porque no supieron ver qué es lo que ocurriría después del gran despertar. El año 2012 señala el fin de la vida tal como la conocemos. En toda la historia del planeta jamás ha existido una oportunidad como ésta para el crecimiento espiritual. Tu tarea es prepararte y estar a punto para dar el salto. Deja de vagar por el laberinto de la vida lleno de confusión y temor. Es hora de caminar con confianza y un propósito firme hacia el nuevo horizonte.

En este libro te ofrezco una sencilla guía para llevarte de principiante a jugador de primera línea. *Un poco de luz sobre las leyes espirituales* te permitirá ser el maestro de tu propia vida.

igue las leyes espirituales y crearás el Cielo en la Tierra.

Una visión global del plan espiritual

Todos nos encarnamos para experimentar la vida en un cuerpo físico. La Tierra es una escuela mistérica, un lugar donde nuestras lecciones se nos presentan en forma de situaciones o personas en particular. Es la manera como afrontamos nuestras circunstancias vitales la que determina si pasamos o no el examen. Cuando respondemos a las pruebas con compasión, decisión y comprensión, nos convertimos en maestros.

El objetivo de todo aquel que se encarna en la Tierra es la ascensión o iluminación, que es la total maestría de todas las lecciones que aquí se ofrecen. Esto puede tardar muchas vidas porque, si herimos o hacemos daño a otro, generamos karma, que es una deuda que hay que saldar. Muchas veces nuestra alma querrá regresar a la Tierra para encontrarse con las mismas personas y situaciones similares y así poder experimentar de nuevo los retos o retomar temas no resueltos.

La Tierra es una institución pedagógica muy especial en el Universo. Aquí nos ofrecen lecciones sobre sexualidad, emociones y finanzas, que no se pueden encontrar en ningún otro lugar. También tenemos un cuerpo físico construido de acuerdo con nuestros estados mentales y emocionales.

Cuando nacemos nos olvidamos de nuestra conexión espiritual y de nuestras experiencias pasadas, ya sea en la Tierra o en cualquier otra parte. No obstante, no estamos solos en nuestro camino. Todos tenemos un ángel de la guarda que nos acompaña durante toda la vida. Los ángeles son seres espirituales puros de dimensiones más elevadas, que muy raramente se encarnan en un cuerpo físico. Nuestro ángel guardián nos protege, nos anima y es la voz de nuestra consciencia. Cuando estamos preparados también atraemos a otros ángeles hacia nosotros, con un propósito concreto o para que trabajen con nosotros.

Todo el mundo posee también un guía espiritual, que ha vivido en la Tierra y que se ha ofrecido voluntario después de la muerte para ser formado como guía para ayudar a aquellos que seguimos aquí. Tu guía espiritual se siente atraído hacia ti según la luz que irradias, y aparecen nuevos guías a medida que vas cambiando. Una persona evolucionada atraerá a guías más elevados. Tenemos muchos guías que nos ayudan en diferentes momentos de nuestra vida. También contamos con ayudantes. Normalmente se trata de los espíritus de personas que nos han querido en vida y que quieren ayudarnos después de haber fallecido.

Tus ángeles y guías cuidan de ti en un nivel cotidiano, pero también existen muchos grandes ángeles situados en un lugar superior de la jerarquía angélica, en concreto los arcángeles, ángeles del séptimo coro y seres de mucho poder, que se encargan de supervisar el plan general para la Tierra. También hay maestros ascendidos, aquellos que ya han dominado las lecciones de la Tierra y que están ayudando al planeta en su evolución. Podemos pedirles ayuda mediante la oración o la meditación. El mando general está en manos de la Fuente, que es conocida como Dios, Brahman, el Creador, la Divinidad o lo Divino.

Podemos pedir ayuda a cualquiera de estos espíritus invisibles y ellos harán todo lo que esté en su mano, dentro de las posibilidades de las leyes espirituales.

Somos seres multidimensionales. Una dimensión es un campo de frecuencia. Esto significa que una parte de nosotros puede estar estancada en unas emociones negativas de baja frecuencia, mientras que otra parte está irradiando compasión y amor hacia el Universo. Dicho de forma simple, la primera dimensión es el reino mineral, donde se asientan las raíces de las nuevas ideas. La segunda dimensión es el mundo vegetal, que necesita de la luz para crecer. La luz contiene información espiritual y conocimiento. La tercera dimensión es el reino animal. Las personas muy materialistas y negativas también se encuentran en esta frecuencia dimensional y han olvidado sus conexiones divinas. Nuestro planeta está avanzando ahora hacia la cuarta dimensión. En esta frecuencia el ser humano empieza a recordar vidas pasadas y la verdad acerca de lo que realmente es. El corazón empieza a abrirse al amor incondicional.

Para poder pasar a la frecuencia de la quinta dimensión, la persona debe haberse perdonado a sí misma y a los demás. El temor y la negatividad habrán sido transmutados. Aquí radica la comprensión de la Unidad. La sexta dimensión es la frecuencia a la que nos elevamos cuando abandonamos nuestro cuerpo físico después de la ascensión y donde purificamos nuestro cuerpo de luz para un mayor servicio en los universos. La séptima dimensión es la que se conoce como «el séptimo cielo». Aquí es donde residen los maestros ascendidos y la mayoría de los ángeles.

Tu alma es un aspecto superior de tu persona, que acumula todas las experiencias de tus viajes a través de muchos planos de existencia. Una parte de tu alma, que es tu personalidad, ha sido enviada a la Tierra para aprender. Mientras tu Yo superior o alma sabe que eres un ser espiritual en un cuerpo humano, tu aspecto inferior o personalidad lo ha olvidado. Tu labor en la Tierra es recordar quién eres. Muchas personas tienen el alma dormida y no son conscientes de que son seres espirituales. Su Yo superior les envía dificultades y dolor, que no son más que llamadas para que despierten y se pongan en camino en busca de la verdad.

En la actualidad se ha abierto una oportunidad para el crecimiento espiritual. Muchas almas están deseando encarnarse y aprovecharse de ello. Tenemos la posibilidad de saldar todas nuestras deudas kármicas y aprender a fondo nuestras lecciones. En esta época también disponemos de mayor orientación y ayuda espiritual de la que nunca existió, para que podamos avanzar rápidamente hacia la ascensión. Para poder hacerlo, es útil comprender las leyes espirituales para que así podamos avanzar en nuestro viaje con lucidez y comprensión.

Las leyes básicas

de la vida

1

Como es arriba, así es abajo

Como es arriba, así es abajo. Ésta es la primera Ley del Universo. En la Tierra como en el Cielo.

Si eres padre o madre quieres a todos tus hijos por igual, tanto si son bebés como niños o adultos. Crees en ellos, aunque puedan estar pasando por una fase difícil. Una madre puede entristecerse por el comportamiento de sus hijos pequeños, pero no los juzga. Sabe que madurarán.

Los padres de un niño pequeño no lo quieren menos porque tenga celos de su hermana recién nacida. Lo comprenden e intentan ayudarlo a resolver sus emociones conflictivas. Cuando es un poco más mayor no dejan de amarle por el hecho de que tenga problemas para hacer los deberes. Se ofrecen para ayudarle.

Dios no deja de amarte cuando experimentas emociones turbulentas o una parte de tu tarea te parece difícil. Ni tampoco te juzga. Más bien recibes la ayuda y el ánimo de Sus ángeles.

El Universo te quiere y tiene una visión de tu futuro como persona iluminada, sin importar los errores que puedas estar cometiendo en la Tierra.

Los padres juiciosos aconsejan con amabilidad a sus hijos y les animan a desarrollar sus talentos. Al mismo tiempo les ofrecen libertad, para que aprendan de sus propios errores. Cuanto más sensato es el niño, más libertad de elección le permiten.

No siempre podemos evitar que nuestros hijos sufran por las consecuencias de sus acciones. Los niños testarudos siguen sus propios deseos hasta encontrarse con algún problema. ¿Has visto alguna vez a un niño pequeño, empeñado en tocar el fuego de la cocina, a pesar de que se le haya dicho miles de veces que se quemará? A menudo es únicamente la experiencia del dolor lo que les sirve para aprender.

A nosotros también nos han dado libre elección. Al igual que cualquier padre sensato, la Divinidad intervendrá e intentará guiarnos si nos apartamos peligrosamente del camino. Sin embargo, de acuerdo con la ley espiritual, Dios no nos forzará a cumplir Su voluntad. Si nos empeñamos en algo, Él se hará a un lado y nos permitirá aprender la lección de la manera más dolorosa.

Como en cualquier familia, las almas jóvenes son cuidadosamente supervisadas por Dios, mientras que a las almas evolucionadas se las hace responsables de sí mismas.

El Universo espera sin juzgar mientras nosotros experimentamos y aprendemos. Cuando estamos preparados, nos abre nuevas puertas.

¿Deseas que aquellos que amas sean felices, que estén sanos, que se sientan realizados y tengan prosperidad? Si realmente les quieres, seguro que será así. Del mismo modo la Fuente quiere que tú, Su hijo bienamado, seas feliz, realizado, próspero y saludable.

Hablé una vez con una mujer que se sentía culpable por ser muy feliz en su trabajo. ¡De algún modo sentía que Dios la reprobaría por sentirse tan feliz con su trabajo! La verdad es precisamente todo lo contrario.

Cuando estás feliz el cielo se alegra. La voluntad de Dios es que tú hagas aquello que te da alegría, como un sentido de la realización y de tu propio valor.

Un padre o madre juicioso ofrece una orientación a sus hijos y les otorga el poder para que realicen sus propias elecciones. Si ellos ignoran el consejo, el padre, que les ama, les apoya en aquello que decidan hacer.

Dios también nos ofrece Su guía mediante los sueños, la meditación o fomentando la intuición. Nos da una total y libre elección de si la aceptamos o no, y nos apoya incondicionalmente escojamos lo que escojamos. No se preocupa porque optemos por algo en concreto.

Aunque tienes libre albedrío, tu alma está anhelando que escojas el camino que te lleve a un mayor crecimiento espiritual. No obstante, la mayoría de nosotros tenemos que aprender por experiencia que las elecciones irresponsables y egoístas nos conducen a una mala salud, a fracasos y desgracias.

Muchas veces descubrimos por la vía difícil que cuando actuamos desde nuestra voluntad inferior, que es nuestro propio deseo egoísta, el resultado inevitable es que nos sintamos mal.

John era una figura autoritaria de la vieja escuela, de elevada estatura, que fruncía el ceño cuando se le llevaba la contraria, y que se mostraba jovial cuando conseguía lo que quería. Su abuelo había fundado el negocio familiar. Éste pasó a su padre y después a él. Asumió que su hijo, Ron, tomaría el relevo. Pero Ronald quería ser músico y demostraba un talento considerable. John, el padre, se mostraba totalmente intransigente. Se mofaba del talento musical de su hijo e hizo todo lo que estaba en sus manos para manipularle y hacerle chantaje emocional para que entrara a trabajar en la empresa familiar. John siempre decía que lo hacía por el bien de su hijo, ya que nadie se podía ganar decentemente la vida como músico. Decía que sólo intentaba ahorrarle a Ron las penas y la desilusión.

Las acciones controladoras de John estaban basadas en el miedo. No era pues extraño que se sintiera permanentemente irascible y que se peleara con su esposa y con su hijo. Estos factores contribuyeron a empeorar su dolencia cardiaca. Finalmente Ronald decidió romper totalmente con su familia para poder expresarse mediante la música. Su padre se sintió abandonado, enfermo e inseguro como resultado de sus propias acciones desatinadas. Éstos eran precisamente los sentimientos que estaba intentando evitar mediante el control de su hijo.

Un padre juicioso anima a su hijo a que exprese su talento y no se empeña en que éste siga un camino u otro. Las elecciones basadas en el miedo provienen de nuestra voluntad inferior. «Hágase tu voluntad» significa: «ayúdame a tomar mis decisiones desde mi Yo superior». Las decisiones sabias y valientes dan como resultado la felicidad, la buena salud y la abundancia.

*Las decisiones que fomentan el amor,
la armonía y la alegría provienen
de la voluntad superior o divina
y siempre nos hacen sentir fuertes.*

A todos nos gusta ser apreciados. Cuando alguien nos da las gracias desde el fondo de su corazón por algo que hemos hecho, experimentamos una sensación de satisfacción y placer, y normalmente queremos dar más. Es lo mismo allí arriba: los cielos nos sonríen cuando apreciamos y decimos gracias por lo que hemos recibido. Entonces los poderes del Universo nos envían más.

Muchas personas me dicen que están pidiendo a gritos que sus ángeles les ayuden y simplemente no logran comprender por qué no les llega su ayuda. Tomemos un ejemplo de la Tierra: tu hijo está gritando para que le ayudes a hacer los deberes. Es más que posible que te sientas irritado y con pocas ganas de acceder a su petición. No es de extrañar que los ángeles hagan oídos sordos a nuestros gritos de socorro egoístas. Cuando tu hijo te lo pide con amabilidad y tú sientes que está dispuesto a valorar tu ayuda, entonces te sientes encantado de ofrecérsela. Lo mismo ocurre con las fuerzas de luz.

*Cuando estás preparado para recibir algo
del Universo, pídelo serenamente y con
amabilidad. Ellos estarán encantados de
ofrecértelo. Aprécialo cuando lo tengas.*

Resulta muy desagradable estar con una persona negativa. Si intentas ayudar a alguien que prefiere revolcarse en su desgracia, al poco tiempo seguramente te irás. Si es alguien que te importa, puede que lo observes desde la distancia. Lo mismo ocurre en los cielos.

 A los ángeles les resulta muy difícil llegar a ti a través de una negatividad obstinada. Lo único que pueden hacer es quedarse a tu lado, esperando poder ayudarte.

Si alguien es amable contigo o con tus animales, tienes un sentimiento amistoso hacia esa persona. Cuando tú eres amable contigo mismo o con cualquiera de las criaturas de Dios, el Universo siente afecto hacia ti. Cuando alguien es entusiasta tú sientes esa chispa y te ves motivado para la acción. Lo mismo ocurre con la energía del Universo. Respalda tu deseo. Si alguien tiene fe en ti, te esforzarás por hacer honor a la misma. Cuando tenemos fe en Dios, Él responde a ello. Respondemos ante la generosidad. Dios también.

No se puede manipular a un padre juicioso ni negociar con él. No se puede manipular a Dios ni negociar con Él.

as mismas cosas que conmueven el corazón de Dios conmueven el corazón humano.

2

Como es dentro, así es afuera

LA Tierra es un lugar de aprendizaje donde se muestran las lecciones haciendo que nuestro mundo exterior refleje fielmente nuestro mundo interior.

Si estás enojado por dentro, aun cuando hayas enterrado tan profundamente el enojo que no seas consciente de ello, encontrarás a personas enojadas en tu vida. Estarán haciéndote de espejo y devolviéndote la imagen de tu propio enojo negado.

Si tienes una profunda sensación de abandono, que es perfectamente posible que se generara en una vida anterior, las demás personas te lo reflejarán. Puede que te dejen, que se retiren emocionalmente o incluso que mueran.

Si eres muy autocrítico y constantemente te flagelas con tus pensamientos, atraerás a personas que reflejarán esa misma situación, desvalorizándote o incluso agrediéndote físicamente.

La persona que se siente segura, amada y feliz por dentro, tendrá una vida segura y feliz, rodeada de personas que la amarán. Tu integridad interior hará juego con la de los que te rodean. Las personas de tu vida serán creativas, generosas de corazón, honestas o modestas, según lo seas tú.

El Universo se recompone a sí mismo
para reflejar tu realidad.
[*Literalmente, como es dentro, así es afuera.*]

Bob y Marguerite habían dado por terminada su relación y tenían problemas. Él le decía repetidamente, tanto a ella como a todos los demás, que quería que hicieran las paces. Pero a ella no le interesaba hacerlas. Lo atacaba verbalmente cada vez que lo veía. Bob estaba desesperado. Odiaba las peleas y ya no sabía cómo suavizar esa situación.

Un amigo suyo muy sensato lo llamó un día y le dijo: «Bob, ella se siente amenazada por ti. No está preparada todavía para hacer las paces. La única manera en que puedes manejar la situación es haciendo la paz en tu interior».

Esto fue una revelación tan grande para Bob, que se puso a llorar mientras me lo contaba. La ley espiritual es así de sencilla: la paz interior lleva la paz a tu vida exterior. Cuando todo el mundo encuentre la paz interior, automáticamente habrá paz.

Esta ley también puede aplicarse al cuerpo físico. Los sentimientos interiores se reflejan en la forma en que construimos nuestros cuerpos.

Si nos sentimos emocional o sexualmente vulnerables por dentro, podemos fabricar una capa protectora de grasa sobre nuestro abdomen o caderas, los lugares donde guardamos nuestras emociones y nuestra sexualidad.

Si en algún nivel interno no nos sentimos dignos de ser amados, podemos construir un tórax grande para proteger nuestro centro cardíaco. Los hombres muy machos, de pecho musculoso, en ocasiones esconden sentimientos de vulnerabilidad. Una mujer puede desarrollar inconscientemente unos pechos grandes para indicar su necesidad de cuidar o ser cuidada.

Si en lo profundo de nuestro interior sentimos que tenemos que cargar con la responsabilidad de nuestra familia o incluso del mundo, desarrollaremos unos hombros grandes. Si, por el contrario, no tenemos intención ni deseo de llevar ninguna responsabilidad a cuestas, desarrollaremos unos hombros caídos que permitirán que las cargas resbalen por ellos.

Tu cuerpo es un espejo de tus sentimientos más profundos, a menudo inconscientes.

Así que, si tienes un dolor en el cuello, pregúntate: «¿Quién estoy permitiendo que me doblegue?» Cuando recuperes tu poder, ya no te dolerá ese punto. ¡También podría ser que te estuvieras doblegando tú mismo!

El mismo principio se puede aplicar a un dolor en el trasero: «¿Quién me está dando una patada?»

Dolor en el corazón: «¿A quién le estoy permitiendo que me hiera?»

Indigestión: «¿Qué experiencia es la que no puedo digerir?»

Un dolor sordo: «¿A quién o qué cosa anhelo?»

Si no puedes oír, pregúntate: «¿Qué es lo que no quiero oír?» o «¿A quién no quiero escuchar?»

Si tienes rigidez en las caderas, pregúntate: «¿Cómo puedo cambiar mi actitud con respecto a mi progreso?»

Conocí muy bien a George. Era un joven con mucha sabiduría. Su defecto, si es que lo era, es que era capaz de comprender el punto de vista de todos, pero no era capaz de defender el suyo propio ni de mantener su posición. Tenía relación con un socio muy conflictivo que lo desvalorizaba constantemente. La situación se había convertido en un círculo vicioso.

Un día me dijo: «Tengo la cadera derecha completamente rígida. No logro entender por qué».

Las caderas rígidas reflejan una incapacidad de avanzar en la vida. Cualquier molestia en el lado derecho del cuerpo refleja actitudes relacionadas con los hombres, con el futuro o con nuestra carrera. El lado izquierdo refleja nuestra actitud hacia las mujeres, el pasado o nuestra vida familiar. Así que las caderas de George le estaban diciendo con precisión que interiormente estaba siendo rígido en su actitud hacia su socio y el futuro del negocio. Hablamos de lo que podría hacer para cambiar.

La vida en la asombrosa escuela de la Tierra nos ofrece constantes oportunidades para aprender cosas sobre nosotros mismos. Tus animales reflejarán tus cualidades interiores. ¿Cómo son tus animales? ¿Qué cualidades poseen?

Cuando en broma decimos que alguien se parece a su perro, no nos damos cuenta de que eso no es casual. Si tus animales tienen características diferentes, cada uno de ellos estará representando una parte de tu personalidad. Por ese motivo han aparecido en tu vida.

La persona que parece ser muy agradable y tranquila, pero que tiene un animal agresivo y desagradable, es que no está expresando sus sentimientos airados soterrados. Si alguien parece ser caótico y desordenado, y sin embargo posee un hermoso y magnífico animal, es que no está en contacto con la magnificencia de su ser.

La Ley es simple y exacta.

Los objetos inanimados también representan un aspecto de sus propietarios. Cuando alguien conduce un auto destartalado y sucio, el coche está reflejando su actual estado interior. Un coche elegante, reluciente y limpio, es la manifestación exterior del valor interior. Un coche familiar representa el sentimiento familiar subyacente en el colectivo.

Los Seres Superiores que están a tu cargo hacen que los objetos materiales de tu vida varíen de acuerdo con tu estado interior. Los grifos, los techos y los radiadores que gotean en tu vida exterior revelan emociones que gotean en tu interior, mientras que los fuegos exteriores reflejan temas candentes del interior.

Nuestros líderes reflejan los sentimientos interiores colectivos del país en que vivimos. Los profesores de nuestras escuelas reflejan nuestras creencias interiores colectivas acerca del valor de nuestros hijos. Los sistemas carcelarios, los parlamentos y todos los aspectos de la sociedad reflejan directamente los sentimientos más profundos de la consciencia colectiva de la gente.

Cuando nosotros, que nos hemos matriculado en este curso en la Tierra, deseamos cambiar algo en nuestra vida, debemos dirigir la mirada hacia el interior para modificar nuestras creencias y actitudes, para que así pueda cambiar nuestro mundo exterior. Si deseamos cambiar la sociedad, deberán existir suficientes personas que se cambien a sí mismas.

Hablaré de ello con más detalle en la Ley del Reflejo.

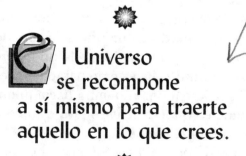

El Universo se recompone a sí mismo para traerte aquello en lo que crees.

3

La Ley de la Petición

Sᴇɢúɴ la ley espiritual, si quieres ayuda tienes que solicitarla.

Si te precipitas e interfieres en los asuntos de un amigo, intentando ayudarle, de manera rápida perderás su amistad.

Además, cuando ayudas a alguien que no te lo ha pedido, evitas que sea él quien dilucide la situación, que no es más que un proceso de aprendizaje. Es probable que te conviertas en un ayudante que colabora para que esa persona continúe con sus viejos sistemas inservibles. Cuando impones tu ayuda o consejo a otra persona, eres responsable del karma si la cosa sale mal. Se considera de mala educación intervenir sin ser invitado y casi con toda seguridad tu ayuda será ignorada o no apreciada.

Por supuesto, si alguien se está ahogando, le ayudas. Guías a la persona ciega para que evite el agujero de la acera. Consuelas al enfermo y al que está sufriendo. No obstante, si te sientes disgustado por el problema en el que alguien se ha metido, eso es cosa *tuya*. Es una indicación de que necesitas mirarte a ti mismo en lugar de salir al rescate del otro.

Constantemente me preguntan cosas como: «¿Qué puedo hacer por mi tía? Desde que murió su marido se siente desgraciada y yo intento que conozca gente nueva, pero ella no quiere».

La respuesta es: cuando ella esté preparada, te pedirá que la ayudes. Hasta que llegue ese momento, mira hacia tu interior, hacia esa parte de ti que quiere conocer gente nueva o que siente el rechazo cuando tu tía no acepta tu ayuda.

«Estoy desesperada por mi hija. Se niega a casarse con su novio y me temo que nunca se casará. ¿Cómo puedo ayudarla?»

La respuesta es: cuando tu hija haya examinado sus propios temores, estará preparada. Quizá sabe, en algún nivel interno y profundo, que éste no es el hombre adecuado para ella. Quizá sabe que eso te disgusta y ésta es su manera de castigarte. Podría tener un millón de razones. Pero está claro que te está sirviendo a ti, al sacar a la superficie parte de tus propios asuntos. A menos que te pida ayuda, deja de intentar ayudarla y examina lo que esa situación significa para ti.

Si estás metido en alguna situación difícil en el trabajo, el aprendizaje y la experiencia que obtienes al enfrentarte a ella puede ser el paso perfecto que necesitas para avanzar en tu carrera. Te prepara para ser promocionado. No esperarías a que otro saltara al ruedo y se hiciera cargo de la situación sin pedir permiso. Eso sería interferir y bloquearía tu posibilidad de prepararte para un trabajo mejor.

En los reinos espirituales ningún ángel ni ser superior de luz soñaría con interferir en tu vida. Sí, te salvarán de un accidente grave si ése no es tu karma, o de la muerte si no ha llegado tu hora.

Lo que harán será quedarse a tu lado, con total compasión y paciencia, y observar mientras te haces un lío con tu situación, si eso es lo que necesitas para tu evolución. No sólo se trataría de mala educación espiritual si interfirieran, sino que también evitarían que tú aprendieras y te hicieras más fuerte.

Hay veces en que es apropiado pedir ayuda. Al decir «pedir» no me refiero a gritar de frustración como un niño pequeño ni llorar como una víctima que no quiere asumir la responsabilidad por sus acciones. Con la palabra «pedir» lo que quiero expresar es evaluar minuciosamente la situación y después, con serenidad y decisión, solicitar la ayuda que necesitas.

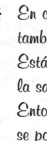

*En cuanto estás listo para pedir ayuda,
también lo estás para recibirla.
Estás preparado para aceptar
la sabiduría que ésta conlleva.
Entonces las fuerzas superiores
se ponen en marcha para ayudarte.*

Algunas personas están constantemente exclamando: «¿Cuándo, qué, cómo, quién, dónde?» Quieren conocer la respuesta a una pregunta tras otra. Esto son exigencias y no preguntas. Provienen de un lugar de desesperación y necesidad, no de un lugar abierto y centrado.

La persona que camina firmemente por el sendero espiritual se dirige a su interior en busca de respuestas. En cuanto estés preparado para saber algo más, aparecerá el maestro que te lo dirá. Esto se puede dar en forma de un libro, una persona o un programa de televisión. Cuando estés preparado para formular la pregunta, estarás preparado para conocer la respuesta.

En realidad no esperas invitar a un notario a cenar, hacer que te pregunte por tu testamento y después acabar por redactarlo de nuevo mientras tomáis café. Ni tampoco tu vecino, que es pintor y decorador, aparece en tu casa sin que lo invites y retoca la pintura de tus paredes. Se trata de una interferencia tan evidente como la del sanador que insiste en curar tu dolor de cabeza o sanarte. Debes sentirte agradecido por cualquiera de estos servicios, pero irán en contra de la ley espiritual a menos que los solicites.

Si alguien te ofrece su ayuda y tú la aceptas, eso es un contrato. Si te la ofrecen una y otra vez, hasta que finalmente la aceptas, eso se llama presión. Y es su problema.

✳

El Universo está esperando para ayudarte. Todo lo que tienes que hacer es pedir.

✳

Cuando necesitas ayuda de los ángeles, de Jesús, de los maestros ascendidos o de cualquier miembro de la jerarquía espiritual de la luz, lo primero que tienes que hacer es tranquilizarte y centrarte. Medita sobre lo que realmente quieres y aclárate bien. Entonces solicita a los seres a quien quieras dirigir tu petición la ayuda que necesitas. Ellos siempre te ayudarán.

Mi hija se sentía exhausta mientras conducía hacia el trabajo. Pensó: «¿Cómo puedo tener la energía suficiente para el día que me espera?» Justo en el instante en que acabó de formularse esa pregunta, un coche la adelantó. Las letras de la matrícula eran AUM. Ella supo que se le estaba dando una respuesta. *Aum, om* u *ohm* es el sonido sagrado del Universo y un mantra muy potente. Fue repitiendo el *om* durante todo el trayecto y se sintió mucho mejor.

Recuerda que la respuesta está en la pregunta. Cuanto más clara sea la pregunta, más completa será la ayuda que recibirás.

4

La Ley de la Atracción

ME acuerdo de estar jugando con imanes cuando era niña y de sentirme fascinada por la forma en que algunos objetos eran atraídos hacia ellos y otros eran repelidos. Y muchas otras cosas parecían ser inertes e indiferentes hacia los imanes. Yo no comprendía las leyes de la física, pero me parecía muy divertido.

Si tú llevaras imanes pegados por todas partes, podrías esperar que algunas cosas se te pegaran, que otras se alejaran corriendo de tu lado y que a otras no te afectaran. En cierto modo esto es lo que ocurre en la vida. Inconscientemente transmites tu energía. Algunas de tus cualidades son magnéticas y otras repelentes.

Has atraído hacia ti toda cosa y persona que está en tu vida. Otras cosas y personas habrán salido repelidas. Muchas situaciones no ejercen ninguna influencia magnética hacia ti. Por ejemplo, puede que no atraigas hacia ti una situación de hambre o de falta de techo sobre tu cabeza porque no emites esa vibración que podría atraerlas.

Un transmisor de radio emite en una frecuencia concreta. Cualquiera que se interese por un programa emitido en esa longitud de onda lo puede sintonizar. Tú eres un transmisor. Emites la historia de tu vida. Envías hacia las ondas la historia de tus patrones, tu energía emocional, tu estructura mental, tus negaciones, tus gustos y aversiones, y muchas cosas más.

Imagínate que quieres encontrar un programa interesante. Existen centenares con los que puedes sintonizar, y estás cambiando de emisora para decidir con cuál te quedas. Con la mayor parte de ellos sintonizas de inmediato. De vez en cuando alguno atrae tu atención.

Puede ser pesado o divertido, aburrido o interesante, violento o pacífico. Tiene algo que te atrae para que sigas sintonizado. Puede que te gusten algunos aspectos pero que otros te repelan. Pero a pesar de ello te has enganchado.

De la misma forma atraemos a las personas hacia nosotros. La gente que no se hace eco de nuestra frecuencia, simplemente no se siente atraída. Pasan por nuestro lado sin detenerse.

La vibración que emites está formada por tu energía consciente e inconsciente, en parte repelente, en parte magnética, y en parte neutra. La ley que hay detrás de ello es la que dice: *atraemos lo que es similar a nosotros*. Atraemos a nuestra vida personas y situaciones que tienen vibraciones similares a las nuestras.

Las cualidades negativas como la penuria, la desesperación, la depresión, la ambición, la rudeza o la desconsideración conducen a una frecuencia baja. Si poseemos alguno de estos elementos en nuestra naturaleza, magnetizaremos a alguien de energía similar hacia nuestra vida. Las cualidades como el amor, la gentileza, la dicha, el deleite o la generosidad transmiten una energía de frecuencia elevada y también magnetizan a personas de energía similar.

Oigo decir a la gente: «No logro comprender por qué está él en mi vida. Es tan negativo, y no se parece en nada a mí». O bien: «¿Por qué me engañó esa persona? A mí, que soy tan honrado».

La ley espiritual es precisa. El Universo nos ofrece espejos para que nos contemplemos en ellos. Mira a tu alrededor y observa a los personajes que te rodean. Están interpretando un papel en la obra de tu vida por algún motivo. Cuanto más vehementemente negamos que somos como imanes para cierto tipo de persona o situación, más nos pide nuestro Yo superior que observemos atentamente a nuestra sombra. Esto es un aspecto negativo de nosotros mismos que solemos negar.

Si te sientes dispuesto a comprometerte con una relación pero tu pareja no, busca en tu interior tu propio miedo al compromiso. Él o ella simplemente no estaría allí si estuvieras cien por cien seguro. En el momento en que resuelves tu creencia subyacente, la otra persona o bien se comprometerá contigo o saldrá de tu vida y permitirá que entre otra persona que sea capaz de comprometerse. La persona que siempre está alegre y feliz pero que parece estar rodeada de gente deprimida significará que las ha atraído para reflejar su infelicidad interior. Y a su vez esas personas también responden a un propósito, posiblemente el de hacerla sentir necesaria.

La desesperación es algo que repele. Una pareja que conocí estaban totalmente desesperados por tener un hijo. Lo habían intentado todo. Habían acudido a todas partes. No existía razón física por la cual no pudieran concebir un niño. Los videntes les repetían que había un alma esperando entrar, pero que su desesperación resultaba repelente para esa alma. Decidieron rendirse y hacer que sus vidas cobraran sentido prescindiendo del hijo. En cuanto lo hicieron, tuvo lugar un cambio energético. Emitieron una energía magnética de satisfacción, que atrajo a un espíritu del Universo, y sin darse cuenta se encontraron esperando un hijo. Algo similar ocurre cuando alguien está desesperado por tener pareja. Los demás captan esa desesperación a un nivel sutil y se retiran. Cuando cambian esa energía por otra amorosa, abierta y de aceptación, atraen a la persona adecuada.

Nuestras creencias ocultas atraen a personas y situaciones hacia nosotros. Si crees que no eres digno, atraerás a personas a tu vida que te devolverán reflejada esa creencia tratándote mal.

Si crees que tienes que servir a los demás, atraerás a personas que de algún modo necesitan atención.

Si crees que nadie es capaz de comprenderte, magnetizarás a personas que no te entenderán.

Una mujer que siempre atraía a parejas que la engañaban se dio cuenta de que en su interior creía que no es seguro confiar en alguien, y eso hacía que atrajera a personas capaces de engañarla. Cuando sanó esa creencia, atrajo a una pareja en la que sí podía confiar.

Conocía a una mujer llamada Jane que me recordaba a un pantano de color verde esmeralda. Era hermosa por fuera, pero si te acercabas demasiado las aguas pantanosas se te tragaban. Resultaba alegre y jovial como simple conocida, pero en las relaciones más personales se volvía exigente, necesitada, celosa y especialista en montar números. Por supuesto, inconscientemente emitía un anuncio publicitario pidiendo un actor que quisiera tomar parte en esa obra concreta. Atraía a hombres que estaban dispuestos a ser engañados por la apariencia exterior. Se quejaba del tipo de hombre que tenía en su vida. Ellos se quejaban de ella, pero a pesar de todo se sentían inevitablemente magnetizados hacia sus energías mutuas e iban a seguir así hasta que cambiaran su vibración.

Si un hombre va emitiendo el mensaje de: «soy controlador y estoy buscando una mujer a quien dominar», atraerá a mujeres que permitirán que las domine. Casi seguro que todo ello será inconsciente. Una mujer que se haya hecho cargo de su propio poder no se sentirá atraída hacia esa vibración. La persona que sigue atrayendo repetidamente al mismo tipo de persona a su vida es que continúa transmitiendo el mismo mensaje.

La Ley de Atracción funciona en diferentes ámbitos. Si no estás en armonía con la vida puedes atraer alimentos que te sienten mal. Si tienes pensamientos autocríticos te estás atacando a ti mismo. Puedes atraer a mosquitos que te piquen. Están sirviendo de espejo para la energía que estás emitiendo. Si estás soterrando la cólera puedes atraer un ataque. Estas cosas pueden deberse, por supuesto, a una devolución del karma, que es el inevitable reequilibrio entre el bien y el mal a lo largo de varias vidas.

Siempre que hagas algo porque sientes que deberías hacerlo, estás atado. Atraerás a personas y situaciones que te mantendrán atado. Si, por otro lado, estás emitiendo energía positiva, atraerás ayuda cuando la necesites. Una amiga me contó que se había extraviado totalmente en el campo. Vio a un animal en el prado que tenía delante y no estaba segura de si se trataba de un toro o de una vaca. Mientras lo miraba con desconfianza, apareció una mujer de la nada que, sin ningún preámbulo, le dijo: «No hay problema, es una vaca. Te has extraviado. Te mostraré el camino.» La llevó al camino correcto, pasando por el lado del animal. Mi amiga había atraído la ayuda que necesitaba en ese momento.

Si tienes pensamientos negativos atraes a personas y situaciones negativas. Si tienes mala salud, en el momento en que estés listo para soltarla atraerás al sanador perfecto a tu vida. Si quieres que un proyecto tenga éxito pero tienes sentimientos ocultos de aburrimiento, o si estás asustado o cansado, la energía subyacente contrarrestará el éxito del proyecto. Siempre que algo no se manifieste como tú esperas, examina tus sentimientos soterrados y cámbialos. Entonces magnetiza aquello que quieres.

Lo interior atrae a lo exterior.
Si algo de tu mundo exterior no es
como quieres que sea, busca dentro
y cambia tu manera de sentir con respecto
a ti mismo. Entonces automáticamente
atraerás a personas y experiencias
diferentes hacia ti.

Si, por ejemplo, quieres una pareja que se comprometa, fíjate en cuál es tu compromiso contigo mismo: ¿te quieres lo suficiente? En el momento en que verdaderamente te comprometas a amarte, lo exterior cambiará y atraerás a alguien que se comprometerá también a hacerlo.

Si te infravaloras y piensas que no eres lo suficientemente bueno, atraerás a una persona abusiva que te hará lo mismo. Recuérdate tus buenas cualidades y magnetiza a alguien que te aprecie.

¿Qué ocurre con la persona espiritualmente muy evolucionada que trabaja con drogodependientes o delincuentes violentos? Esto ocurre en el caso de que hayan firmado algún acuerdo previo al nacimiento para trabajar con esas personas. También podría ser una consecuencia kármica de alguna asignatura pendiente de una vida anterior.

Y, por supuesto, hay casos en los que los polos opuestos se atraen. Alguien que emite luz puede atraer a vibraciones oscuras hacia su vida, pero no se verá afectado por ellas. Un lugar oscuro como una prisión puede atraer a personas iluminadas que desean aportar su luz.

No emitas energía negativa ni pienses en atraer algún desastre hacia ti. Irradia luz positiva y confía en que un milagro se acerque a ti.

Eres como un imán:
atraes aquello que
es similar a ti.

5

La Ley de la Resistencia

Un día estaba viendo jugar a dos chiquillos. La niña había organizado una merienda en la caseta de juegos del jardín. Llamó a su hermano para que viniera a tomar el té, pero cuando éste llegó a la puerta, ella la cerró y no quiso dejarlo entrar. Por supuesto se pelearon y la niña se enfadó y se agotó intentando evitar que entrara su hermano.

Podemos reírnos de los niños y comentar lo chiquillos que pueden llegar a ser. Pero el caso es que nosotros también hacemos cosas parecidas.

Cada vez que nos concentramos en algo lo estamos llamando para que venga hacia nosotros. Con nuestros pensamientos y creencias invitamos a personas, situaciones y objetos materiales a nuestra vida. Cuando llegan, si realmente no los queremos, intentamos empujarlos de nuevo hacia fuera.

Estaba yo charlando con una vecina que me comentó que estaba convencida de que su suegra iba a quedarse con ellos por navidades y les iba a estropear la fiesta a todos. Dijo: «Puedo verlo. Es una pesadilla». Por supuesto, sus intensas imágenes y temores estaban inevitablemente atrayendo a su suegra, mientras que con su enojo le estaba cerrando la puerta. Mi vecina estaba utilizando su energía vital para resistirse.

Muchas personas invocan la Ley de Resistencia sin darse cuenta de lo que están haciendo. Tu mente inconsciente y la mente universal funcionan exactamente igual que un ordenador. No puedes decirle a un ordenador que *no* recupere un archivo en concreto porque no es capaz de aceptar instrucciones negativas. Asumirá que *sí* que quieres ese archivo y lo hará aparecer en pantalla.

Tu mente consciente puede distinguir entre una instrucción positiva y una negativa, pero tu mente inconsciente no es capaz de detectar la diferencia. Si tu mente consciente está totalmente ocupada conduciendo, viendo la televisión o concentrándose intensamente en algo, tu mente inconsciente puede captar el mensaje. Por ejemplo, cuando un niño se está concentrando en sus deberes escolares, su mente consciente está totalmente ocupada. Si en ese momento su madre le dice: «No te atrevas a hacerlo mal», su mente inconsciente es la que recoge el mensaje. Ignora el «no» y recibe el mensaje de «hazlo mal.» Es mucho mejor decirle, de forma positiva: «Puedes hacerlo bien.» De forma similar, si la mente de un hombre está totalmente absorta en la conferencia que está preparando y su esposa le dice: «No llegues tarde a la cena a la que estamos invitados», se estará gestando un problema. Sería preferible que le dijera: «Recuerda que la cena empieza a las ocho».

Si repites un pensamiento o una afirmación con la suficiente frecuencia, llegará a penetrar tu mente inconsciente. Algunas personas manifiestan la enfermedad en sus vidas porque se resisten a la enfermedad. Si estás continuamente pensando: «No quiero estar enfermo», la palabra «enfermo» se va filtrando constantemente hacia tu mente inconsciente. Tu ordenador busca un programa que te haga enfermar.

Tu mente inconsciente también está abierta cuando estás relajado. Cuando te estás relajando al sol, es un mal momento para preocuparse, porque manifestarás tus miedos. En cambio es un momento excelente para imaginar lo que deseas crear en tu vida.

- «No lo hagas», «no puedo», «no quiero», o «no» son palabras que invocan la Ley de Resistencia.
- El pensamiento de «jamás encontraré a una pareja perfecta» opone resistencia a la pareja perfecta.
- «No quiero ser pobre» te traerá pobreza.
- «No puedo vivir en esta horrible casa», te mantendrá viviendo en esa horrible casa.
- «No soy una persona difícil», si lo repites el suficiente número de veces, hará aflorar tu personalidad difícil.
- «Nunca seré como mi madre» te garantiza que acabes siendo exactamente igual que ella.

*Te conviertes en aquello a lo que opones
resistencia. Aquello ante lo que te
resistes sigue existiendo en tu vida
y utiliza tu energía para la lucha.*

- «Estoy sano» es una orden que entra en el ordenador y resulta magnética para la salud.
- «Me merezco una pareja perfecta» atrae a la pareja perfecta.
- «Doy la bienvenida a la riqueza» atrae la riqueza a tu vida.
- «Vivo en una hermosa casa» te trae una casa hermosa.
- La afirmación «soy sabio» empieza a conectarte con tu sabiduría.

*Nunca te resistas al fracaso ni a la
pobreza. En lugar de ello, atrae el éxito
y la riqueza. Abre siempre los brazos
a lo positivo en lugar de oponer
resistencia a lo negativo.*

Una vez pasé unas vacaciones en una comunidad en la que habían decidido prescindir de la estructura en los grupos de trabajo. En lugar de ello, se pedía a las personas que ofrecieran su ayuda voluntariamente. El resultado fue que todo el mundo se sentía más libre y tenía más tiempo para relajarse. Se dieron cuenta de que las reglas estructuradas ejercían presión sobre las personas y ellos respondían resistiéndose lo cual minaba su energía.

El soltar el control libera energía.

Un joven se acercó a mí después de una charla que di sobre el tema de la abundancia. Me dijo que mientras me escuchaba había sentido como si un interruptor hubiera hecho «click» en su cabeza. Hasta entonces había creído que no era merecedor de nada. Se percató de que había estado oponiendo resistencia a cualquier cosa que estuviera más allá de esa creencia de desvalorización. Le vi unas semanas más tarde en un taller sobre ángeles y me dijo que había dejado de resistirse y había empezado a acoger con los brazos abiertos lo que realmente quería en la vida. Este cambio de actitud había transformado sus niveles de prosperidad.

A veces el cambio tarda un poco más en darse. Si te has estado resistiendo a la soledad durante mucho tiempo, estarás rodeado por montones de formas de pensamiento relativas al tema. Puede que hayas estado utilizando toda tu energía para resistirte a este miedo, así que tardarás un poco más en cambiarla. Una manera positiva de disolver una forma de pensamiento a la que te has estado resistiendo es escribirla y después quemar todos los miedos que sientas respecto a ese tema. A continuación escribe lo que realmente quieres y empieza a atraerlo hacia ti. Descubrirás que dispones de más energía.

Si dos personas quieren empujar una roca en una cierta dirección, ambas se situarán en el mismo lado del peñasco y empujarán para que se mueva. Si, en cambio, se colocan una frente a la otra y empujan, la piedra sólo se moverá si una de las dos es más fuerte que la otra. Esto es lo que hacen tus personalidades interiores cuando se enfrentan entre sí. Si tenemos dos personalidades dentro que trabajan por el mismo objetivo, nuestra vida avanza de forma fluida y tranquila. En cambio, si tenemos dos personalidades interiores que constantemente se oponen resistencia mutua, nos estancamos. Por ejemplo, si una parte tiene miedo al compromiso y otra parte desea una relación íntima y estable, entonces crearemos una situación de estancamiento. La relación seguirá atorada y nos preguntaremos por qué nos sentimos tan agotados.

Si estás trabajando con alguien en algún proyecto y ambos tenéis la misma visión, el proyecto inevitablemente tirará adelante. Sin embargo, si estáis en posiciones opuestas, la resistencia comportará retrasos. Esa persona no está en tu vida por casualidad. Él o ella está devolviéndote el reflejo de tus propias dudas, temores o inquietudes.

Mira hacia tu interior y decide qué es lo que verdaderamente quieres y cuál es exactamente tu visión. Cuando resuelvas tu conflicto interior, la otra persona debe, siguiendo la ley universal, salir de tu vida o cambiar de actitud.

La consciencia de víctima llama a la Ley de Resistencia. Una víctima es alguien que culpa a los demás por su destino, que cree que el mundo le debe algo, y que es incapaz de cuidar de sí misma. Cuando alguien está pensando: «Pobre de mí. No soy capaz de cuidar de mí mismo», o: «Tengo tan mala suerte», está siendo una víctima que está oponiendo resistencia a la abundancia, a la generosidad y a los cuidados de la Divinidad. Si alguien culpa a otro por lo que está ocurriendo en su vida, es una víctima que se resiste a asumir la responsabilidad por aquello que ha generado.

Una mujer muy amargada llamada Andrea me hizo el siguiente comentario sobre su marido: «La terrible situación en la que se encuentra nuestro matrimonio se debe totalmente a él. Sale todas las noches y eso me irrita en extremo». Se estaba resistiendo a asumir la responsabilidad por su actitud, que hacía que su marido saliera todas las noches. Se estaba resistiendo a las buenas cualidades que él tenía. Me dijo que no poseía ninguna. Andrea describía una imagen de sí misma como si fuera una santa enojada.

Fue sólo cuando dejó de resistirse y empezó a examinar sus acciones siendo totalmente sincera que empezó a calmarse. Su marido se quedaba en casa un par de noches y ella se concentraba en las buenas cualidades que había descubierto en él. Lo pasaban bien. Cuando dejó totalmente de culparse, dejó de resistirse a que saliera y aceptó que se quedara en casa, su matrimonio mejoró de forma espectacular.

Cuando nos sentimos enojados o culpables nos resistimos al gozo de vivir y a la grandeza del ser.

La mayoría de nosotros nos hemos resistido en alguna ocasión a realizar una tarea. Esperamos a planchar hasta que la pila es enorme, a limpiar el jardín hasta que está repleto de malas hierbas, o a redactar ese informe hasta que éste asume proporciones gigantescas. Cualquier tarea parece difícil en proporción directa a nuestro nivel de resistencia.

Cualquier cosa a la que te estés resistiendo contiene un mensaje para ti. Por ejemplo, si te estás resistiendo a la pobreza, es hora de examinar qué es lo que te está diciendo la pobreza. ¿Tienes miedo de la miseria? ¿Qué es lo que temes exactamente? Ábrete a aquello que quieres, no a lo que no quieres.

Así que si te despiden del trabajo no es por casualidad. Habrás activado las leyes del Universo para que te retiren ese trabajo. Habrás creado el despido en tu vida con un propósito, así que examina el motivo subyacente y aprende de ello. ¿Te sentías insatisfecho o protestabas por tu trabajo? El Universo recibió el mensaje de que no querías ese empleo. Si te sentías infravalorado, reafirma tu valor. Si no confiabas en tu jefe, refuerza tus niveles de confianza.

Si tienes un patrón recurrente de fracaso, visualiza constantemente que estás triunfando.

Deja de resistirte. Decide lo que quieres en la vida y empieza a emitir energías magnéticas, estimulantes y entusiastas para atraer lo positivo hacia ti.

quello a lo que te resistes sigue existiendo en tu vida y te va minando la energía. Abre los brazos a aquello que quieres y siéntete vivo.

6

La Ley del Reflejo

LA Tierra es un lugar prodigioso para aprender, donde constantemente te están dando una oportunidad para que te observes en un espejo. El espejo del Universo es tan sincero y exacto que tus secretos más profundos se ven reflejados en las imágenes que ves de ti mismo. Toda persona y situación de tu vida es un reflejo de un aspecto tuyo. Como es dentro, así es afuera.

Cuando te miras al espejo puede que no te guste lo que ves, puedes decir que el reflejo está distorsionado, pero raramente dirás que no eres tú la persona que estás viendo. Cuando el Universo nos trae a alguien o algo a nuestra vida, funciona como un espejo. Podemos protestar por ello o negarlo. Pero la Ley espiritual del Reflejo nos recuerda que nos miremos al espejo y cambiemos lo que tengamos que cambiar.

Cuando te miras al espejo y ves que tus ojos tienen un aspecto pesado y cansado, no intentas cambiar el reflejo. Sigues una dieta más sana y duermes más horas, para que cambie la imagen.

Cuando hay algo en tu vida que no te gusta puedes, por supuesto, invertir tiempo y energía intentando arreglar o cambiar a la otra persona. Si haces esto estarás intentando cambiar el reflejo. Es una forma de negación. A las personas que hacen esto se las llama «rescatadores». Prefieren pasar tiempo cambiando el reflejo que trabajando con ellas mismas. Cuando comprendas la Ley del Reflejo, nunca más volverás a intentar que otra persona sea diferente para que tú te sientas más cómodo. Observarás lo exterior y cambiarás tu interior.

Esas personas que te rodean y que no te gustan te están mostrando aspectos de ti mismo con los cuales no te sientes a gusto. Si tienes un amigo que parece ser muy insensible, pregúntate qué parte de tu corazón está endurecida. Si tu hijo se muestra hostil, mira hacia tu interior y encuentra tu propia irritación. Imagínate que tu jefe es totalmente desorganizado y caótico. Si te enorgulleces de tu coherencia y de tu sentido de la responsabilidad, probablemente estés enojado con él por ser tan diferente a ti y puedes decirte a ti mismo que él no es un espejo.

A pesar de ello, busca en tu interior para encontrar algún aspecto tuyo que sea caótico. Posiblemente un trocito de ti quiere ser descuidado e irresponsable. Si en tu infancia estuviste sometido a una fuerte disciplina o se esperaba mucho de ti, puede que haya una parte que tenga miedo de cometer un error o de ser descuidado. Si siempre has tenido que ser responsable y controlar las cosas, resulta terrorífico soltar las riendas. La parte de tu interior que quiere ser irresponsable la verás reflejada en personas de tu entorno. Todo lo que estés enojado con tu jefe lo estarás con esa parte caótica de ti que aparece en el espejo.

Si alguien de tu vida posee un atributo que genuinamente no te molesta, no te estará reflejando, ni tan siquiera lo notarás.

Cuanto más te moleste una característica de una persona, más está tu alma intentando atraer un reflejo a tu atención.

Todas las personas que realmente te gustan están reflejando aspectos de ti mismo con los que te sientes cómodo. Piensa en alguien que te guste, que respetes o admires. Piensa en las cualidades que te gustan de él. Esas cualidades están presentes en cierto grado en tu interior. No habrías atraído a esa persona, ni te percatarías de esas partes suyas, si no las tuvieras también dentro de ti. El espejo mágico del Universo te está mostrando una parte hermosa de ti con la que puede que no estés conectado. Practica esas cualidades para afianzarlas y más personas con esas características positivas entrarán en tu vida.

Si el Universo realmente quiere atraer tu atención hacia algo, te dará tres espejos en los que puedas mirarte simultáneamente.

serenor   tranquillitat
bon humor

Una clienta me dijo: «Esta semana he visto tres pájaros con el ala rota. ¿Qué me está diciendo eso?»

No puedes volar con el ala rota. Le sugerí que buscara el lugar donde su libertad estaba limitada. Inmediatamente dijo que su marido no quería que ella asistiera a talleres porque pasaba demasiado tiempo alejada de él. Se sentía realmente coartada. El Universo le estaba reflejando la imagen de sus alas recortadas. Era el momento para que se comunicara sinceramente con su marido.

Si vemos a tres personas ciegas en un solo día, eso podría estar sugiriendo que no estamos viendo algo. Si presenciamos tres accidentes, podríamos reflexionar para ver hacia dónde nos estamos dirigiendo con excesiva prisa o bien si el rumbo que hemos tomado nos puede llevar a un punto desastroso.

Todo es un reflejo. ↑ 2013 *Kutadora*! UF!

El agua refleja lo que les está ocurriendo a tus emociones o a tu espiritualidad. Si tus emociones «tienen goteras», en otras palabras, tienes emociones que no has expresado, puede que tus grifos o tus radiadores goteen. Conocí a un hombre cuyo tejado tenía goteras y el agua fue a caer sobre sus documentos del divorcio. No afectó a ninguna otra cosa, sólo a esos papeles. En realidad nunca se había enfrentado a las emociones que le generó su ruptura matrimonial. Los ríos, lagos y mares representan la fuerza vital emocional y espiritual de una zona determinada. ¿Te sientes atraído hacia los océanos turbulentos o hacia los lagos tranquilos? Recuerda también que el agua, simbólicamente, limpia y purifica.

El fuego es caliente y luminoso. El fuego del campamento o el de una buena chimenea pueden indicar un centro que está en paz. Un incendio de grandes proporciones y fuera de control refleja la rabia y la hostilidad de todos aquellos afectados por él. El fuego también es un gran transmutador de energía negativa.

La tierra es sólida pero puede resultar sofocante o aburrida. Si te estancas en el barro, se te está mostrando algo acerca de tu vida. Un terremoto te dice que los cimientos de tu vida, que pensabas que eran seguros, no lo son. De la tierra sale la nueva vida.

El aire tiene una energía fantástica. Representa la comunicación y las nuevas ideas. Si estás sentado en una corriente de aire y eso te molesta, puede que lo que te moleste sea la comunicación de alguna persona. Un huracán se lleva volando las viejas formas de pensamiento de un lugar y anuncia lo nuevo. El aire fresco también se lleva las telarañas.

Cada pieza de tu coche representa algún aspecto tuyo. Si le fallan los frenos puede que sea un aviso para que dejes de hacer algo que estás haciendo.

Las luces no funcionan. ¿Puedes ver a dónde te diriges en la vida?

La pintura resulta rascada o dañada. ¿Te sientes estropeado o dañado? Quizá estés siendo muy autocrítico.

El claxon se niega a emitir sonido alguno. ¿No será hora de que hables en tu defensa? Sufres un pinchazo. ¿Te sientes deshinchado? ¿Alguna persona te está decepcionando? ¿Te estás infravalorando o no tienes suficiente apoyo?

Te quedas sin batería. ¿Te sientes descargado? ¿Te has quedado sin energía?

Si no puedes descifrar qué te está indicando el reflejo, piensa cuál es la función que realiza esa pieza. Por ejemplo, las llaves de mi coche llevan unas pilas. La pila de la llave de repuesto se acabó. Antes de que tuviera tiempo de cambiarla, le pasó lo mismo a la otra. Ninguna de las dos funcionaba y no podía entrar en el coche. La llave de repuesto permite que otras personas tengan acceso a mi coche (a mí). La llave principal me permite a mí el acceso (a mi consciencia). La pila es la energía que las hace funcionar. Como las dos se habían agotado, me estaban indicando por reflejo que estaba demasiado cansada para dar algo a otras personas, e incluso a mí misma.

El cambio de marchas facilita el paso de una velocidad a otra. Si chirría, ¿estás teniendo dificultades para dar un paso hacia delante en tu vida o simplemente para modificar tu consciencia acerca de algún tema en concreto?

Los animales reflejan las cualidades y las características de sus propietarios. Un perro amistoso, bien educado y de buen carácter refleja un propietario en quien se puede confiar y sentirse a gusto. Un animal asilvestrado, salvaje y ruidoso nos está avisando de que tengamos cuidado con su amo, aun cuando exteriormente se trate de una persona amable. Somos personas complejas y los diferentes animales que poseemos reflejarán distintos aspectos de nosotros. Tu gato puede que refleje tu manera desapegada y tranquila de estar en el trabajo, mientras que tu perro muestra la personalidad entusiasta y cordial que tienes en casa.

Pregúntale a alguien cómo es su animal y aprenderás mucho sobre ellos.

Mientras escribía este capítulo, por sincronicidad leí un artículo sobre las cualidades y actitudes de diferentes perros. Escogemos a un perro, consciente o inconscientemente, para que haga juego con nosotros.

Entre las razas estables, sólidas, tolerantes y de buen carácter están el basset, el sabueso, el perro pachón, el bulldog, el San Bernardo, el mastín, el galgo lobero irlandés y el perro de Terranova.

Los perros inteligentes, que se pueden entrenar y son muy observadores, son el doberman, el corgi galés, el pastor de Shetland y el caniche.

Entre los perros protectores, que son territoriales y dominantes, están el boxer, el rottweiler, el bull-terrier, el chow-chow, el mastín inglés y el schnauzer.

Los perros amistosos y afectuosos son el border-terrier, el pastor escocés, el setter inglés, el ojeador inglés, el perdiguero dorado, el pastor inglés, el labrador, el cavalier King Charles spaniel y el cocker spaniel.

Los animales independientes y testarudos son el afgano, el fox-terrier, el dálmata, el galgo, el setter irlandés, el perdiguero y el perro zorrero.

Entre los que tienen confianza en sí mismos, son espontáneos y a veces atrevidos, están el terrier Jack Russell, el pinscher miniatura, el terrier blanco escocés, el terrier de Yorkshire y el terrier irlandés.

Los perros estables, controlados y amantes del hogar, son el chihuahua, el perro salchicha, el spaniel King Charles, el perro faldero, el pequinés, el lebrel, el terrier de Boston y el perro maltés.

Todos los animales, plantas, árboles e incluso cristales representan cualidades. El roble de tu jardín refleja tu parte sólida y responsable. Debido al temor y al asco que la mente colectiva siente respecto a los insectos, muchas veces éstos reflejan partes de nuestra sombra. Si tu jardín es exuberante y lleno de colorido refleja tu forma de ser extravertida, tanto si la muestras conscientemente como si no. Si está muy cuidado, ordenado y arreglado, probablemente tú seas igual. Un jardín familiar reflejará las características predominantes en esa familia.

Sea lo que sea lo que llega a tu vida, mírate en su espejo y examina lo que tiene que enseñarte. Una vez comprendemos la Ley del Reflejo, podremos aumentar nuestro crecimiento espiritual observando lo que la vida nos está diciendo. Nuestro viaje por la Tierra se convierte entonces en una experiencia fascinante y apasionante.

Hay dos formas de interpretar lo que vemos en un espejo. Una es pensar que estás viendo un reflejo. La otra, que estás viendo un aspecto que has atraído hacia ti. Para detectar una proyección, habla sobre la persona o la situación. Por ejemplo, puedes decir: «Eres una persona generosa pero exasperante». Mira hacia tu interior y encuentra tu aspecto generoso y tu parte exasperante.

Para descubrir cómo atrajiste el reflejo, sé consciente de cómo te hace sentir esa persona o situación. Por ejemplo: «Me haces sentir inoportuno» está indicando un reflejo de tu inoportunidad.

Para más información sobre el tema, lee los capítulos de la Ley de Proyección y la Ley de Atracción.

Nunca intentes cambiar a otra persona, porque está reflejándote a ti. Dirige la mirada a tu interior y cámbiate a ti mismo.

7

La Ley de la Proyección

En la Tierra los aspectos de nuestra personalidad nos son devueltos como reflejos. Todo lo que percibimos allí fuera es un espejo de algo que tenemos dentro. Por tanto, todo lo que vemos fuera de nosotros es una proyección. Cogemos un aspecto nuestro, por ejemplo la cabezonería, e imaginamos que esa característica está en aquellos que nos rodean.

Proyectamos nuestras cosas, tanto las buenas como las malas, sobre otras personas y asumimos que están en su interior, además de que solemos negar que están en nuestro interior.

La verdad es ésta:

- Sólo te puedes ver a ti mismo
- Sólo te puedes oír a ti mismo
- Sólo puedes hablar contigo mismo
- Sólo te puedes criticar a ti mismo
- Sólo te puedes alabar a ti mismo

Cada vez que dices las palabras «tú eres» o «él es» o «ella es», estás proyectando algo de ti mismo sobre otra persona. Puede ser «eres raro», en cuyo caso inconscientemente ves parte de tu propia rareza en esa persona. Cuando dices «es una estúpida», estás proyectando tu estupidez sobre ella. O podría ser «sois fantásticos», porque ves algo de tu propia maravilla en ellos. Si les dices a otros que son sabios pero no aceptas tu propia sabiduría, estás proyectando tu sabiduría al exterior.

Cuando asumimos que otra persona siente como nosotros, estamos realizando una proyección. «Debes de sentirte fatal por eso»

o «debes de estar encantado» son proyecciones. Estás colocando tus sentimientos sobre la otra persona. Puede que sientan las cosas de una forma totalmente distinta. «A nadie le gusta el arroz con leche» es una proyección. Y también lo es decir «por supuesto que le gustan los caballos» referido a una persona que no conocemos.

Jill vivía un matrimonio difícil, mientras que Kate amaba a su esposo y tenía una relación realmente afectuosa. Jill solía decirle a Kate: «Tendrías que dejar a tu marido». Estaba proyectando en su amiga su propia parte que creía que tenía que disolver el matrimonio.

Proyectamos nuestros miedos en el mundo. Una vez escuché a alguien decirle a su pareja: «Eres como un ratón. No tienes agallas para defenderte a ti misma». Podría ser perfectamente el caso que fuera él quien no tenía agallas. No obstante, ella no se percataría de ello a no ser que alguna parte de sí misma tuviera miedo de salir en defensa propia. Aunque era una mujer corpulenta y masculina, estaba proyectando una parte tímida de sí misma sobre él.

«No tienes sentido del humor» simplemente significa que la otra persona no ve las cosas de la misma manera que tú. Puede que tenga un fabuloso sentido del humor, pero distinto al tuyo. En realidad estás haciendo un comentario sobre ti mismo.

Es más cómodo imaginar que es otra persona quien posee las cualidades que queremos negar que tenemos dentro.

Si entierras tu hostilidad y la expresas como agresividad pasiva, estarás proyectando hostilidad sobre la gente que te rodea e imaginarás que ellos son agresivos, tanto si lo son como si no. Selectivamente imaginarás actitudes airadas o amenazadoras allí donde no existen. Aquellos que proyectan su odio imaginan que todo el mundo representa una amenaza para ellos.

Una mujer joven se quejaba diciendo que su pareja le repetía constantemente: «No sabes amar». Cuando saqué el tema de las proyecciones, ella reconoció claramente que su pareja estaba refiriéndose a esa parte de sí mismo. Puede que el comentario tuviera algo que ver con ella o no. Sin embargo, exploramos por qué había atraído ese comentario hacia ella. Se dio cuenta de que contenía un punto de razón y empezó a examinar la manera en que mantenía cerrado su corazón.

Proyectamos nuestras inseguridades y nuestra sexualidad sobre los demás. La persona que está paranoica por la moralidad de los demás está proyectando su propia inmoralidad soterrada.

El jefe que sospecha que todos sus empleados le están engañando está proyectando su estafador interior. Como consecuencia de ello, puede perfectamente atraer a alguien que le engañe.

La esposa que constantemente acusa a su marido fiel de infidelidad está proyectando su propia falta de fe en la relación.

Si escuchas decir a alguien, refiriéndose a otra persona: «Es una mujer terca», pregúntate sobre la terquedad de quien hace el comentario. Alguien que no posea esta característica no necesita decirlo de otra persona.

Como muchos de nosotros no somos conscientes de nuestra propia grandeza o no creemos en ella, también proyectamos en otros nuestras partes bellas, amables, fuertes y admirables. Cada vez que piensas cosas buenas de la gente, recuerda que tienes algo de esa cualidad en ti. De otro modo no la hazbrías visto en los demás.

Proyectamos nuestro amor sobre los demás. También nuestra amabilidad, nuestra generosidad, nuestra bondad. La persona que es amable de por sí imaginará que todos los que la rodean también lo son.

La persona profundamente generosa confía en que los demás también lo son.

Cuando una pareja está enamorada, cada uno de ellos está proyectando su belleza interior en el otro. El ver nuestra magnificencia aumentada y reflejada en el otro nos ofrece una estupenda oportunidad para el crecimiento espiritual. Estar enamorado es un estado de gracia.

Las proyecciones generalizadas son muy comunes, como por ejemplo: «A todo el mundo le dan miedo los tigres». «Todas las mujeres son unas charlatanas». «Los niños dan mucho trabajo». Traduce estas proyecciones como: «A mí me dan miedo los tigres», «Una parte de mí no para de hablar o quisiera hacerlo» y «Mis hijos me dan mucho trabajo.» Asume la responsabilidad de cualquier parte que te pertenezca.

El proyectarte en otra persona evita que asumas la responsabilidad por ti mismo. La mayoría de las personas ni siquiera se dan cuenta de que lo que dicen en realidad está en su interior. Es una potente forma de negación.

La proyección puede convertirse en un juego de ping-pong. Cuando dos personas se están gritando mutuamente, acusando a la otra de no tener razón, ambas están proyectando su propio enojo y temor.

La expresión «mira quien fue a hablar», describe adecuadamente la Ley de Proyección. Ninguno de los dos ve sus propias faltas. Piensan que es la otra persona quien las tiene.

Sólo te puedes hablar a ti mismo. Cuando un padre le dice a su hijo: «Eres un chico difícil», se está proyectando a sí mismo en él. Esto puede resultar muy perjudicial para el niño, que no comprende la realidad: el comentario no tiene nada que ver con él, sino con el padre. Una madre que quiere a su bebé y le repite lo hermoso y encantador que es, está proyectando positivamente su corazón generoso. Con ello los dos salen beneficiados.

Aquí tienes algunos ejemplos de proyección:

- «Eres una persona muy fisgona.»
- «Me parece que estás siendo un fisgón.»
- «Resulta duro ser soldado.»
- «El mundo es un lugar horroroso.»

Cuando dejamos de proyectar y en lugar de ello asumimos la responsabilidad de nuestros propios sentimientos, podremos decir: «Me siento incómodo cuando me haces estas preguntas», o «Esto es asunto mío». Dirás: «A mí me resultaría difícil ser soldado», o «Me siento muy amenazado por lo que está ocurriendo en el mundo».

Incluso los profesionales de todo tipo, objetivos y con mucha experiencia, ven el mundo a través de cristales de color. Es casi inevitable porque tenemos una consciencia humana. Cuando estamos cien por cien desapegados y somos capaces de observar desde una perspectiva totalmente objetiva, podemos ver claramente a la persona o la situación. Hasta que llegue ese momento, es preferible eliminar las proyecciones de nuestra vida.

Tu vida es aquello que experimentas. Otras personas probablemente lo viven de manera muy diferente. Así que cuidado con tus proyecciones y trabaja sobre ti mismo. Si comprendes esta ley tendrás grandes posibilidades para un crecer personal y espiritualmente.

No sabes qué siente la otra persona ni cómo es. Todo lo que ves en el otro es una proyección de un aspecto tuyo.

8

La Ley del Apego

Puedes tener todo lo que quieras en la vida, pero si tu sentido del propio valor o tu felicidad *dependen* de conseguirlo, entonces es que estás apegado a ello. Esa cosa o persona a la que estás apegado puede manipularte. Ya no eres libre. Eres como una marioneta.

El Universo es un caldo de energía. Todo se arremolina y se mueve. Todo atrae a lo que es similar. Ciertas energías repelen. La danza continúa entre los átomos. No obstante, hay ciertas personas en este gran caldero energético que se sienten atados. Se atraen unas a otras desde grandes distancias y una vida tras otra. La cuerda les puede atar y atrapar. Tiran de ella y de la relación, mental, emocional y físicamente, y son totalmente inconscientes del efecto que tienen sobre la otra persona.

Se forman ataduras entre las personas que tienen temas pendientes. Cada vez que emites pensamientos o palabras de enojo, aflicción, celos, envidia o necesidad hacia una persona, estás manifestando un pequeño hilo que te ata a ella. Un pensamiento ocasional se disolverá, pero si continuamente envías pensamientos negativos, los hilos se convertirán en cuerdas. Éstas se harán más gruesas y os atarán a los dos hasta que las soltéis.

En vidas subsiguientes las cuerdas se reactivarán y te llevarán inevitablemente hacia aquellos con los que tienes temas pendientes. De esta manera tu alma tendrá la oportunidad de hacer las cosas de distinta forma.

También nos podemos apegar a cosas. Las energías negativas como la ambición, el orgullo, la penuria y la envidia pueden crear enormes cuerdas con las que atarse a cosas como casas, coches, empleos o cuentas corrientes. Es por ello que en inglés tenemos la expresión «las ataduras de la riqueza».

Las cuerdas pueden atar a las personas a cosas intangibles, por ejemplo a la necesidad de amor. Si estás atado a un deseo de reconocimiento, esto puede ser el equivalente psíquico de llevar una cadena y una bola de hierro atada a tu tobillo. Puedes estar ligado a energías que te aprisionan, como la modestia excesiva o el retraimiento.

Un maestro está desapegado. No depende de la condición social, de la economía ni de las necesidades emocionales. Es libre y tremendamente poderoso.

Puedes tener una casa bonita. Por supuesto que Dios quiere que vivas en una buena casa. Pero si la necesitas para que te dé prestigio social o seguridad, se convierte en una atadura. Las cuerdas te atan a tu hogar y estarás emocionalmente atado hasta que cambies de actitud. Un maestro puede disfrutar de una casa fabulosa, pero si se la quitan, eso no afectará a la opinión que tiene de sí mismo.

Puedes disfrutar de una relación maravillosa. La Fuente de Todo quiere que seas feliz en el amor. Pero la necesidad te ata a tu pareja, por lo que te ves arrastrado emocionalmente de aquí para allá. Las relaciones mutuamente dependientes te envuelven con sus lazos y resulta difícil ser objetivo acerca de la relación o dejar a tu pareja.

Cuando los padres se atan a sus hijos, es difícil soltarlos para que se conviertan en adultos. Asimismo, un hijo puede estar tan ligado a un padre o una madre que le resulte muy difícil formar una relación adulta y madura con una pareja.

El apego es amor condicional. Un maestro ama de forma incondicional, y ello no genera lazos. Él permite que las personas que ama sean libres y que sean ellas mismas. Si alguien a quien quiere se va o muere, le hará sufrir pero no queda destrozado. Permanece en su centro.

Si necesitas que alguien se comporte de una madera determinada para poder amarle, eso no es amor. Es apego. Las ataduras del apego se pueden soltar de varias maneras. El amor las disuelve y las libera. También tú te liberas. Cuando depositamos nuestras esperanzas y expectativas en otras personas, ellas reaccionan desde sus propias pautas. Cuando las aceptamos tal como son, nos revelan todo su esplendor. Eso es amor.

El perdón disuelve las ataduras para siempre. Nos estamos acercando al fin de una era, mientras esperamos que la nueva y más elevada energía sea la que prevalezca en el planeta. Esto significa que ahora estamos recogiendo todas las cuerdas que hemos formado a lo largo de nuestras vidas. Nuestras almas desean ahora que nos enfrentemos y nos liberemos de todos los temas y lecciones pendientes para que nos encontremos libres para seguir avanzando. Cuando perdonas a alguien y olvidas totalmente lo que ocurrió en el pasado, liberas a esa persona y también a ti mismo.

La vergüenza y la culpabilidad te atan a ciertos recuerdos y te retienen. Cuando estás dispuesto a perdonarte a ti mismo por tus acciones pasadas, disuelves estos lazos restrictivos y el recuerdo se libera de su carga.

Nos agarramos a otros por nuestra propia necesidad, no por la suya. Caroline me dijo que quería pasar las navidades con la familia de su pareja, pero sabía que su madre se llevaría un gran disgusto. Su madre la necesitaba, me dijo. Por fin reunió suficiente coraje para decirle a su madre que quería pasar las navidades fuera. Se imaginó que su madre se vendría abajo. Pues no. La anciana mujer salió a hacer una reserva para un crucero navideño y pasó las semanas siguientes alegremente, comprando ropa nueva. Caroline liberó a su madre para que experimentara una nueva vida.

Es muy común que toda una familia esté enredada en lazos de codependencia. Es hora de que te liberes. Cuando tiras de tu hilo, puede que descubras que es el que permite que todos los demás se suelten también. Si no es así, el enredo familiar ya no será responsabilidad tuya. Aquellas personas que sigan implicadas tendrán que trabajar su parte de la experiencia para poder avanzar.

Otra forma más potente de soltar el apego es mediante la intención y la visualización.

John y Jean habían estado estancados durante años en un matrimonio de dependencia mutua. Cada uno de ellos refunfuñaba y se quejaba del otro. Ambos se mostraban hostiles. Decían que querían separarse pero nunca reunían el valor suficiente.

John acudió a un taller durante el cual enseñábamos a ser más libres. Él manifestó su intención de liberarse, tanto a él como a Jean. Durante la visualización obtuvo una imagen clara de él y su mujer enredados con una soga de pinchos. Pidió ayuda angélica para disolverla y vio como la cuerda era cortada. Después experimentó una maravillosa sensación de liberación y libertad.

Cuando se fue a casa ocurrió algo interesante. Como se sentía desapegado, empezó a ver a Jean de forma diferente. Sin la energía negativa que continuamente le importunaba, recordó el sentido del humor que ella tenía, su entusiasmo y su bondad. Empezó a enamorarse de ella de nuevo, pero esta vez de una forma madura. Su relación cambió totalmente.

En este caso el cortar las ataduras unió a John y a Jean. En otros casos las personas descubren que se sienten libres y pueden dejar por fin una relación.

El desapego es un requisito previo para la iluminación.

Si deseas ser libre, desapégate de todos y de todo. Es un requisito previo para la iluminación.

LAS LEYES

··

DE LA CREACIÓN

9

La Ley de la Atención

AQUELLO sobre lo que pones tu atención se manifiesta. No importa si es grande, pequeño, bueno o malo. La ley espiritual se encarga de que se manifieste un resultado, en proporción exacta a la atención que le pones.

La atención es el foco de tus pensamientos, palabras y acciones. En el mundo material tridimensional existe una expresión que dice «ver para creer». No obstante, los sabios siempre nos han dicho que «creer es ver». Los físicos subatómicos están demostrando ahora lo que estos sabios y místicos nos han venido diciendo desde tiempos inmemoriales. Los físicos nos dicen que los quarks son partículas subatómicas formadas por pensamiento concentrado. Ahora se pueden incluso filmar. Cuando el individuo deja de concentrarse, las partículas desaparecen. Los resultados difieren según las expectativas del experimentador.

La vida difiere según las expectativas del individuo. Si diez personas se encuentran en situaciones similares, cada una de ellas tendrá una imagen diferente del resultado. De acuerdo con ello, cada una creará un resultado ligeramente distinto. Tú creas tu propia realidad. La ciencia está corroborando ahora esta verdad espiritual.

Yo pude observarlo hace poco, cuando dos personas que conozco estaban preparando un evento. Rebecca estaba organizando un acto reducido. Iba repitiendo: «Hay muchísimos asientos que llenar. Espero que logre vender todas las entradas. La publicidad es tan cara». Estos pensamientos distrajeron su atención del resultado que esperaba. En la noche prevista, la sala estaba sólo medio llena.

Jane estaba organizando un acto de cierta envergadura. Tenía las cosas claras y era positiva. Hablaba de ello con entusiasmo. Su atención nunca se desvió de su visión de un acontecimiento fabuloso representado ante una sala llena. Su visión se materializó.

Lo único que evita que tus sueños se manifiesten son tus dudas y tus temores. Si pones un veinte por ciento de atención en lo que quieres, conseguirás un veinte por ciento de tu sueño. Si tu concentración es del cien por cien, ése es el resultado que obtendrás. La Ley de Atención es exacta.

 Vigila dónde pones tus pensamientos.

Si estás conduciendo pon atención a la carretera o puedes sufrir una colisión. Observa atentamente las señales para que no te equivoques de dirección. Cuando te concentras en la conducción, llegas tranquilamente a tu destino, igual que en la vida. Mientras avanzamos por la carretera de la vida nos piden que prestemos atención a los susurros y a las sugerencias que el Universo pone en nuestro camino.

Si le pones atención a una preocupación o a un miedo, le estás dando energía y posibilitando su manifestación. El darle vueltas a las hipótesis más negativas en tu cabeza o hablar constantemente de tus temores, son formas de atraerlos hacia tu vida.

Una de mis clientas vivía llena de ansiedad porque constantemen te imaginaba que su matrimonio se rompería. La atención que le ponía al fracaso de la relación fue programando su mente inconsciente para que actuara de modo tal que efectivamente el matrimonio se rompiera.

El Universo, por supuesto, iba apoyando su decisión colocando situaciones difíciles en su camino. Su pareja también iba captando los mensajes psíquicos de miedo y separación que le enviaba, lo que hacía que se retirara. Inevitablemente, la relación acabó. Ella misma había cumplido su propia profecía.

Si tienes un dolor en el dedo gordo del pie y te concentras en él, te preocupas por él y empiezas a imaginar cosas peores, alcanzará proporciones enormes y empeorará. Si recibes una llamada telefónica con noticias interesantes, eso distraerá tu atención del dedo del pie y el dolor desaparecerá.

Lo positivo tiene una carga
más potente que lo negativo.

Concéntrate, piensa y habla sobre situaciones positivas. Cuando mantienes lo positivo en tu campo de atención, haces que tus sueños se realicen.

Si estás escribiendo un libro, pintando un cuadro, construyendo una casa o involucrado en cualquier proyecto, mantén el resultado perfectamente acabado en tu mente. Cuando mantienes esa visión y realizas el trabajo necesario, el éxito está garantizado. Decide primero tu visión, comprométete con ella, haz el trabajo necesario, dedícale toda tu atención, y te sorprenderá la forma en que tu vida florece.

Un pequeño aviso: cuando plantas una semilla tienes una imagen de una hermosa planta que brota en el momento adecuado. Entonces la riegas y cuidas de ella. Pero no hurgas la tierra constantemente para comprobar que está bien.

 Presta atención a tu idea
pero no la analices hasta matarla.

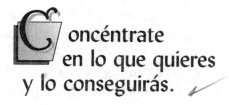
oncéntrate
en lo que quieres
y lo conseguirás.

10

La Ley del Fluir

Vivimos en un Universo compuesto de energía, que fluye como un río. Nada es estático. Todo se mueve. Nada y nadie está separado ni aislado de los demás. Por ello un oso polar no puede estornudar en el Ártico sin que un grano de arena se mueva en el Sahara, y si te amas a ti mismo un poco más, eso afecta a un desconocido en la otra punta del mundo.

Cuando un río fluye no quedan espacios vacíos. Si la corriente se bloquea, a la larga el río se desborda. El agua representa las emociones. Si las emociones se bloquean, se estancan y las relaciones no avanzan y se vuelven tensas. Eso es porque la corriente bloqueada te ha convertido en una charca estancada. Resulta vivificante caminar al lado de un torrente, pero puede ser peligroso nadar en él, por si acaso se te lleva la corriente. Si tus emociones son como un torrente, es posible que las personas teman acercarse demasiado a ti, por si acaso se ahogan.

No obstante, si un río es tranquilo y sereno, las personas querrán sentarse a su lado. Quieren disfrutar de la calma, de la serenidad y de la tranquilidad. Resulta seguro bañarse en él. Si tus emociones están en calma, son tranquilas y serenas, muchos querrán acercarse a ti. Como querrán bañarse en tu aura, tus relaciones personales serán buenas.

Así que examina el fluir de tus emociones y observa el efecto que tiene en tus relaciones.

La Ley del Fluir gobierna todas las facetas de la vida.

Un torrente de sexualidad puede resultar muy excitante, pero existe la amenaza y el peligro de que te engulla.

Cuando la sexualidad está bloqueada por tabúes de la infancia o experiencias de vidas pasadas, la relación sexual resulta incómoda. Si tu sexualidad fluye correctamente, tu vida sexual será buena.

¿Tu creatividad fluye o está bloqueada? ¿Es un torrente de ideas rápidas que se confunden entre sí y acaban estrellándose contra las rocas? ¿O fluye a un ritmo que tú y las personas que te rodean podéis manejar, al tiempo que te mantiene lleno de ideas y felizmente productivo?

Si un armario está lleno hasta reventar, no se puede meter nada nuevo en él. Si acaparas, ya se trate de dinero, ropa, ideas o viejos resentimientos, no dejarás espacio para lo nuevo. Para permitir que lo nuevo entre en tu vida tienes que soltar lo viejo.

Si te aferras a viejas emociones, estarás lleno de esos recuerdos antiguos que evitarán que aparezcan cosas frescas y mejores. En cuanto tires toda la basura de tu casa, la Ley del Fluir se encargará de que otra cosa ocupe su lugar. Tuya es la decisión de si sustituyes la basura con más basura o modificas tu consciencia para atraer algo mejor. Si mantienes los mismos pensamientos, entonces se darán las mismas condiciones. Si empiezas a hacer cambios, por pequeños que sean, entonces automáticamente algo diferente tiene que llegar.

*La naturaleza no permite el vacío,
así que siempre hay algo que viene
a llenar un lugar desocupado. Tu tarea
es asegurarte de que sea algo mejor.*

Tan pronto te liberes de creencias y recuerdos que ya no necesitas en tu vida, estarás abriendo las puertas para que lo nuevo fluya hacia ti. Cambia de hábitos para poder traer algo diferente a tu vida. Puede que sea algo tan sencillo como ir por otro camino al trabajo.

Estaba un día hablando con una amiga que decidió que estaba preparada para una relación. No había tenido ninguna desde hacía mucho tiempo. Eché una ojeada a su dormitorio y estaba totalmente lleno de trastos. Simplemente alcé las cejas y ella dijo: «Tienes razón». Sacó todos los objetos inútiles del dormitorio, y el resultado fue que una relación entró velozmente en su vida.

Según el feng shui, todo rincón de tu casa está relacionado con un aspecto diferente de tu vida. Si tienes trastos o basura en la parte de tu casa relacionada con la fama, estás evitando que la fama fluya hacia ti. Hay lugares relativos al trabajo, al éxito, a las relaciones, al dinero, etcétera. Del mismo modo, si hay una antigua creencia obstaculizando tu vida, límpiala. Si tienes un antiguo recuerdo que te aplasta como una roca, escríbelo y quema el papel para liberarlo.

Cuando estés físicamente sacando basura de tu casa, empieza a hacer afirmaciones relacionadas con lo que quieres que ocupe ese lugar ahora limpio. Empieza por visualizar que una energía más elevada entra en tu vida, para que algo nuevo y más gozoso fluya hacia ti.

No limpies nunca como si se tratara de un acto pasivo. Hazlo con una energía que diga: «Ahora estoy preparado para que algo nuevo aparezca en mi vida. Esto es lo que quiero».

Sé emprendedor y utiliza la Ley del Fluir para hacer de tu vida aquello que quieres que sea.

Las relaciones prosperan cuando existe una corriente fluida de comunicación.

La prosperidad aparece cuando equilibramos la corriente que entra con la que sale.

Fluye con la corriente y alcanzarás la Fuente.

11

La Ley de la Abundancia

Abundancia significa fluir con amor, alegría, felicidad, prosperidad, éxito, vitalidad, risa, generosidad y todas las cosas buenas de la vida.

 Nuestra vida se vuelve abundante cuando fluimos con las cualidades más elevadas de la vida.

Tu derecho de nacimiento es fluir con abundancia, porque éste es el deseo divino para todos nosotros. Sólo una cosa puede evitar que recibas la generosidad del corazón generoso de la Fuente: tu consciencia. La corriente de abundancia se dirige hacia ti, pero tus pensamientos, creencias, recuerdos y niveles de merecimiento crean barreras para su recepción.

Si tienes un hermoso rosal en tu jardín pero hay una planta trepadora que le chupa el fluido vital, no tendrá abundancia. Puede que de momento esté lleno de maravillosas flores, pero no serán sustituidas por otras a menos que arranques la planta parásita que le está minando la vitalidad. Un buen jardinero arrancará la planta que está ahogando al rosal para que éste pueda seguir floreciendo. Depende de ti arrancar las creencias que ahogan tu abundancia.

Amar es disfrutar con todas tus relaciones. Bloqueamos la abundancia de amor que nos pertenece por derecho cuando cerramos el corazón. La planta parásita de nuestras creencias y temores de rechazo y angustia nos estrangula el corazón. Hace que nos aferremos a las relaciones o que nos retraigamos. Dejamos de amar cuando nuestra mente asume el control y vemos las imperfecciones del otro. Entonces conectamos de ego a ego. Tu ego expresa el miedo de tu personalidad inferior, y ello forma rocas que bloquean la corriente de amor.

Estar enamorado es ver la Divinidad en el otro y conectar de alma a alma. Esto permite que nuestra pasión circule. Una pareja enamorada, una madre que irradia amor hacia su bebé, colegas que se estimulan mutuamente con ideas, amigos enfrascados en los mismos intereses, todo eso resplandece de amor. Todos los que les rodean sonríen, porque no existe nada más magnético que la energía de estar enamorado. La Fuente *es* amor, así que no hay escasez. El amor fluye desde el corazón de Dios hacia todos nosotros, así que abre el corazón para recibir amor en abundancia.

El éxito es un estado mental, no un logro determinado. Cuando todo tu ser está concentrado en llegar a un objetivo concreto, llamado éxito, existe un momento de gozo inmenso al conseguirlo. Entonces tienes que marcarte otro y volver a esforzarte.

Así que el éxito no se trata de intentar empujar el río, lo que sólo puede conducir a tensión, frustración y falta de autoestima. El éxito abundante trata de fluir con la vida, aprovechando las corrientes y disfrutando de la travesía.

 El verdadero éxito es la sensación de satisfacción y realización.

Recuerdo haber visitado a una amiga que se negaba a permitir que alguien la cuidara, a pesar de que estaba enferma. Cuando se recuperó sus amigos le dijeron lo frustrante que eso les había resultado. Ella habló de cuánto había deseado que la cuidaran y mimaran, pero que por alguna razón no se había podido permitir que eso ocurriera. La independencia es una cualidad maravillosa. Pero también es recomendable abrirnos para que las personas nos cuiden. Forma parte del fluir, de dar y de recibir. Cuanto más nos permitimos recibir, mejor nos sentimos por dentro. Entonces, al sentirnos plenos y satisfechos en nuestro interior, somos auténticamente capaces de cuidar a los demás.

Cuando de manera habitual tomas alimentos saludables que mantienen tu nivel de glucosa equilibrado, no sientes la necesidad de tomar dulces. Cuando te permites que te cuiden regularmente, no anhelas las cosas desde una sensación de insuficiencia. Cuando existe en nuestra vida una corriente natural de dar y de recibir cuidados, nos sentimos equilibrados y con abundancia de amor.

Como es arriba, así es abajo. Los padres terrestres que son juiciosos te darán lo que necesites cuando ellos crean que estás preparado. Ningún padre o madre prudente le da a una niña pequeña una hermosa y delicada muñeca de porcelana, porque es más que probable que la niña la rompa o le arranque el cabello. No se trataría de un acto malicioso, sino simplemente la niña no tiene la suficiente madurez para apreciar un regalo así. Por más que la niña pequeña reclame una muñeca de porcelana como la de su hermana mayor, los padres esperarán a que esté preparada para cuidar adecuadamente de la muñeca. Lo mismo sucede en los cielos. Por más que grites pidiendo la abundancia que buscas, el Universo no te la dará hasta que demuestres que estás preparado para aceptarla.

La Ley de la Abundancia es muy sencilla. Si quieres más amistades en tu vida, sé amistoso con los demás. Retira las rocas de sospecha, aburrimiento o aflicción que han bloqueado la corriente de energía amistosa.

Si quieres más felicidad en tu vida, recuerda que los pensamientos, creencias o recuerdos que te entristecen ya pasaron. No existen en este momento. Practica la sonrisa.

Si quieres más cuidados y atención en tu vida, elimina las barreras que te impiden recibirlos. Cuando estés abierto a recibir, las personas que te rodean automáticamente cuidarán de ti.

Las cosas materiales fluyen hacia ti cuando eres consciente de la abundancia.

La abundancia es tu derecho de nacimiento. Ábrete para recibirla.

12

La Ley de la Claridad

En el momento en el que sabes a ciencia cierta qué es lo que quieres, todo el mundo capta perfectamente el mensaje y responde de forma adecuada.

Un joven que conocí, llamado John, se las había arreglado para arrastrar una relación con su novia durante un largo y doloroso tiempo, ofreciéndole mensajes contradictorios. Aparecía en su casa diciéndole que sólo quería ser amigo suyo y después se quedaba a pasar la noche. Si ella le necesitaba para que le echara una mano con los niños o la casa, él no se atrevía a decir que no. Le decía a todos sus amigos: «Pero le he dejado perfectamente claro que no estoy interesado». Todos le decían que estaba emitiendo mensajes contradictorios. Era obvio que Anita no lo tenía nada claro. Lo adoraba totalmente y estaba dispuesta a leer que John también la quería en todo aquello que él hacía o decía. Tardó más de un año en darse cuenta de que él no quería mantener una relación estable con ella. Sufrió ataques de ansiedad en una relación de estira y afloja, de ahora sí ahora no, que realmente minó su confianza. Y después tuvo que pasar por el dolor de la separación. En esa época su energía psíquica estuvo unida a la preocupación, las falsas esperanzas y la rabia. La energía de John estuvo trabada por la ansiedad y la culpabilidad.

La falta de claridad traba la energía psíquica y te mantiene en un estado de confusión. La claridad te libera para poder seguir adelante y te abre nuevas puertas.

Paul había vivido con Jeanne durante años. Al principio habían estado muy unidos, pero durante los dos últimos años él se sintió muy distanciado de ella. Se estaba viendo con otra mujer, de la que estaba muy enamorado. Jeanne lo sospechaba y se enfadaba con él constantemente. Él quería dejarla pero no era capaz de contarle la verdad. Me comentó que no conseguía atreverse a decirle a Jeanne que ya no la quería. El resultado era que Paul, Jeanne y esta nueva mujer estaban metafóricamente viviendo en una charca cenagosa y ninguno de ellos encontraba la salida. El futuro estaba bañado por la confusión.

Fue sólo cuando Paul tomo la decisión de marcharse de casa, prescindiendo de las consecuencias, que la claridad fue posible. Jeanne por fin supo cuál era su postura. Cambió de trabajo y conoció a otro hombre. Paul se sintió libre por fin y capaz de respirar por sí mismo. Decidió vivir solo y darse espacio para descubrir de nuevo quién era. Su amante le dio el espacio que necesitaba, con el resultado de que eso la liberaba a ella para dedicar su energía a los estudios.

Las decisiones firmes te sacan del estancamiento y te dirigen hacia la libertad.

Cuando nos preocupamos y nuestros pensamientos dan vueltas en círculo, imaginando todos los resultados posibles, estamos en la oscuridad. Imagínate que hay una luz que se enciende encima de tu cabeza cuando estás listo para hacer algo. Si estás sopesando si empezar un negocio, mientras examinas tus posibilidades la luz está apagada. En el momento en que decides que lo harás, dices: «Éste es el negocio que tengo intención de empezar». La luz encima de su cabeza se enciende.

En el momento en que tomas una decisión clara, se enciende una luz encima de tu cabeza. Las fuerzas superiores

del Universo ven esta luz
y se colocan detrás tuyo para
que tu visión se pueda materializar.

Si estás caminando por una densa niebla, puede que pronto tomes un camino equivocado y acabes irremediablemente perdido. Puedes dar vueltas en círculo examinando a personas, situaciones o a tus propias ansiedades personales, sin tener idea de hacia dónde dirigirte.

Existen dos maneras de activar la Ley de la Claridad. Si te has extraviado de tu camino, estás perdido, frustrado y no logras ver el camino correcto debido a la espesa niebla, espera pacientemente hasta que el sol despeje la niebla y puedas ver dónde estás. Entonces el camino se vuelve perfectamente claro.

Si, por otro lado, estás en un hueco donde la niebla es permanente, y eso ha provocado que hayas estado caminando en círculos desde hace mucho tiempo, toma la decisión de caminar en cualquier dirección.

Es imprescindible que tomes una decisión, por más temible o difícil que parezca, *pero tantea tu camino cuidadosamente* hasta que te encuentres en un terreno despejado.

La palabra «decisión» viene del latín *decedere*, que significa cortar. Una decisión corta la conexión con otras posibilidades. Entonces tienes que concentrarte en la ruta que has elegido. La manera más rápida de avanzar por tu camino espiritual es tomar decisiones claras y ponerlas en marcha. La claridad abre las puertas a tu futuro.

La verdad, la honestidad, la autenticidad y la integridad son cualidades que proceden

La claridad es el primer paso hacia la libertad y te ayudará a conseguir lo que tu corazón desea.

de la claridad. Otras personas lo perciben y te responden porque confían en ti.

Háblale claramente al Universo acerca de tus deseos y necesidades. Si murmuras o no sabes lo que quieres, estás enviando un mensaje confuso al gran almacén celestial y puede que recibas algunas cosas sorprendentes que no pensabas que habías pedido. Los pensamientos y las intenciones claras atraen del Universo aquello que precisas en tu vida. No lo olvides nunca. Eres un maestro. Tienes el derecho de solicitar aquello que necesitas y de confiar en que el pedido será atendido.

13

La Ley de la Intención

SI quieres ir a nadar, puede que te desvíes del camino. Si tienes la firme intención de ir a nadar, vencerás todos los obstáculos y podrás realizar esa intención. De forma similar, la persona que expresa la intención de escribir un libro tiene muchas más posibilidades de éxito que la que espera escribir uno. Las intenciones tienen más fuerza que los «yo quiero», los deseos o las esperanzas. La intención libera una fuerza que hace que las cosas ocurran.

Imagínate a un arquero. Tira de la cuerda de su arco y la mantiene tensa, mientras apunta a su objetivo antes de soltar la flecha. Sea cual sea tu objetivo en la vida, si reúnes la energía y observas tu diana, la fuerza del Universo respaldará tu visión. Aun cuando no llegues a cumplir tu intención, habrás puesto una poderosa fuerza en marcha.

Un hombre me dijo que le habían debido una importante suma de dinero durante un tiempo considerable. Semana tras semana iba retrasando emprender alguna acción. Como era una persona compasiva, podía ver las dificultades de la otra persona. No obstante, un día decidió que iba a ir en busca de su dinero. Expresó la intención de hacerlo. Esa tarde escribió una carta muy clara a la mujer que le debía el dinero. Media hora más tarde, antes de que la hubiera echado al correo, ella le telefoneó para decirle que ese mismo día le enviaba un cheque por correo. Lo recibió a la mañana siguiente.

Si expresas la intención de realizar una sanación a distancia a una hora determinada, la fuerza será emitida en ese momento, tanto si tú llevas a cabo la sanación como si no.

El poder de la intencionalidad me quedó perfectamente demostrado no hace mucho. Organicé un acto en Londres que denominé Día del Ángel. Nuestra intención era crear una gran columna de luz para que los ángeles pudieran llegar a Londres a través de esa vibración elevada y después propagar amor y luz por toda Inglaterra y hacia el resto del mundo. Como los ángeles son seres espirituales de elevada frecuencia, tienen ciertas dificultades para rebajar lo suficiente su vibración y así poder penetrar en lugares oscuros. Pueden llegar a ellos más fácilmente cuando construimos puentes de luz por los que ellos puedan transitar. Antes del acontecimiento me llamaron personas de todo el mundo para decirme que tanto individualmente como en grupos sintonizarían con el Día del Ángel para aportar su propia energía.

Eso tuvo lugar durante la peor época de la guerra de los Balcanes. Elizabeth, una amiga mutua, me dijo que Tom Spencer, el eurodiputado, estaría en Macedonia ese mismo día. Él era por aquel entonces el director del Comité de Asuntos Exteriores del Parlamento Europeo y estaba muy involucrado con los temas balcánicos. Elizabeth se puso en contacto con él.

Éstas fueron las palabras de Tom:

«Yo y mi Comité habíamos visto desarrollarse la tragedia y estábamos dispuestos a hacer lo que pudiéramos para ayudar. Por tanto, organicé unas jornadas para los presidentes de todos los Comités de Asuntos Exteriores y durante dos días parlamentarios, doce países, incluyendo Albania, se enfrentaron al miedo que atenaza la región. A la hora del almuerzo del domingo subimos en un autocar para atravesar las montañas y regresar a Skopje, la capital de Macedonia. Con la tensión de los acontecimientos me había olvidado de mi pacto con Elizabeth, y a través de ella con Diana, para concentrarme el domingo por la tarde en el Día del Ángel que estaba teniendo lugar en Londres, a tantas millas de donde yo me hallaba.

El autocar dejó a algunos de los participantes en Skopje pero muchos de nosotros seguimos en dirección noroeste, hacia el campo de refugiados de Stankovic. La tarde era gris y fría. El autocar avanzaba penosamente por los campos hasta que llegó al perímetro de alambrada. Grupos de albanos desesperados, que ya vivían en Macedonia, gritaban a través de la barrera para intentar establecer contacto con familiares y amigos que estaban en el campo.

El campamento había sido construido con muchas prisas por soldados británicos. Cincuenta mil personas vivían en filas perfectamente alineadas de tiendas de campaña de color blanco. El gobierno macedonio, temiendo por la desestabilización de su propia y frágil unidad, insistía en que las nuevas oleadas de albano-kosovares no se mezclaran con su propia población albana, y por esa razón había apostado guardas en el perímetro del campamento.

El ambiente era, tanto física como emocionalmente, oscuro. El olor de 50.000 personas con tan pocas posibilidades de lavarse era sofocante. Los rostros ansiosos en ambos lados de la verja contaban la historia de terror de las tres semanas anteriores. Pegados a la pared de una cabaña, que se había diseñado para crear un nuevo aeropuerto para Skopje, restos de papel y listas de nombres contaban la historia de todo un pueblo que desesperadamente intentaba encontrar a sus familiares después del holocausto de la expulsión.

Mientras el autobús se abría paso lentamente por la abarrotada verja, una auténtica sensación de miedo nos envolvió. ¿Qué podría decir un político, vestido con su traje, frente a un sufrimiento de tal magnitud? En silencio, fuimos apeándonos y caminando hacia las multitudes. Nos vimos envueltos en un mar de rostros ansiosos pidiendo noticias, consejo y esperanza. Durante media hora escuchamos una letanía de historias terroríficas. Cada historia era contada con inmensa dignidad y con una extraordinaria ausencia de rabia. Parientes asesinados, familias desmembradas, vidas totalmente trastocadas.

En pequeños grupos fuimos caminando por los larguísi-mos pasillos entre las tiendas de campaña.

Entonces algo maravilloso tuvo lugar. Las nubes se abrieron y una luz extraordinaria envolvió el campo. De repente la tarde se volvió cálida y agradable. El ambiente se transformó en algo parecido a una mezcla de festival agrícola y un paseo, algo muy típico de los países Mediterráneos. En las esquinas del campo ondearon las banderas sobre los hospitales militares erigidos por los alemanes, los taiwaneses y los israelitas. Los vehículos todo-terreno de una docena de instituciones de beneficencia avanzaron por el barro que se estaba secando.

El campamento bullía con personas que caminaban cogidas del brazo, hablando como si sus vidas sólo se hubieran visto interrumpidas por un momento. Se oían risas, se percibía la calidez y la dignidad. Un helicóptero de la OTAN sobrevoló nuestras cabezas. Un periodista kosovar me comentó la extremada amabilidad de los soldados británicos que habían construido el campamento. «Trabajaban veinticuatro horas al día y todavía tenían tiempo para sonreír y jugar con los niños.»

El estado de ánimo del campo era ahora casi de júbilo. Los chicos jóvenes jugaban a baloncesto, las mujeres se sentaban por las esquinas hablando del futuro. El gran campamento, sin organización central, se movía y funcionaba como una gran y única unidad. La agreste belleza de las montañas, que antes nos había parecido amenazadora, estaba ahora bañada por la luz del sol poniente. Volvimos a subir al autocar y dejamos el campo, llenos de determinación y esperanza.

Media docena de colegas y yo nos alojamos en un hotel de montaña, que daba a Skopje. En la distancia se podían ver unas cuantas luces que alumbraban el perímetro del campamento. Sólo entonces me acordé de mi compromiso con el Día del Ángel. Comprobé la hora y era absolutamente precisa. Yo no había hecho otra cosa que estar allí, pero no tengo ninguna duda de que la Luz sabía lo que estaba haciendo.»

Yo creo que la intención de Tom Spencer de anclar esa luz creó un punto de entrada para el puente de luz que estábamos enviando desde Londres. Muchos ángeles aprovecharon la oportunidad para utilizarlo.

Nunca infravalores la fuerza de la intención. Una mujer me dijo que había perdido el contacto con su hermano. Se habían peleado hacía tiempo porque a ella no le gustaba la idea de que él volviera a casarse. No había llegado a conocer a la nueva esposa, pero ya había emitido su juicio. Pasaron varios años y ella empezó a arrepentirse de las cosas que había dicho. Realizó algunas sesiones de crecimiento personal y se dio cuenta de que la amargura que sentía con relación a su hermano la estaba consumiendo y poniendo enferma.

Finalmente expresó su firme intención de liberarse de todo ello. Una tarde estaba tranquilamente sentada y habló con su hermano como si lo tuviera delante. Le dijo cuánto sentía lo que le había dicho y le deseó todo tipo de felicidad. Esa noche tuvo un sueño muy gráfico en el que su hermano le presentaba a su mujer. Sonrieron y le dijeron que eran felices. Se despertó sintiéndose mucho más feliz de lo que se había sentido en años, sabiendo que, aunque no volvieran a encontrarse físicamente, las cosas se habían arreglado entre ellos.

La intención es algo que se tiene en cuenta cuando se evalúa el karma, cuando se hace balance de nuestros actos y pensamientos, con sus inevitables consecuencias. Un niño sale corriendo a la carretera, se pone frente a un coche y lo atropellen. ¿Tiene el conductor una responsabilidad kármica? Depende de su intención. Si conducía con prudencia no la tiene. Ha atraído esas lecciones y posiblemente un incidente iniciático para ponerse a prueba. Por otro lado, si estaba bebido, o enojado, o conducía irresponsablemente, tendrá que asumir la responsabilidad a un nivel espiritual y compensarlo de algún modo.

Si alguien tiene malas intenciones, por ejemplo si está decidido a herir, dañar o causar estragos, en el archivo de su alma le pondrán una mala nota. Estará liberando flechas emponzoñadas. No importa si en realidad llega a perpetrar el daño o no. La intención ha salido disparada hacia el Universo y éste ha captado el mensaje que contenía.

Cuando tus intenciones son nobles
y desinteresadas, aun cuando
tu plan no llegue a tener éxito,
serás recompensado por la pureza
de tus ideales.

En inglés tenemos la expresión «el camino al infierno está asfaltado con buenas intenciones». Esto significa que la flecha ha apuntado hacia el objetivo, pero no se ha tensado el arco ni se ha mantenido la tensión. No hay energía. Por tanto, nada ocurre. La flecha no sale volando. A veces no se apunta bien y la flecha no hace diana. La raíz sánscrita del verbo *sinnen* significa apuntar a una diana pero no dar en el blanco.

Si tu intención es clara pero parece que no ocurre nada, puede que estés detenido por alguna razón. Imagínate lo siguiente: estás mirando a tu objetivo. Has estado sosteniendo el arco y apuntando, pero un animal sale corriendo entre el objetivo y tú. Los espectadores te están gritando: «Espera». Dejas caer el arco, esperas y empiezas de nuevo. Siempre existe alguna razón de peso para las demoras.

Cuando pido que me guíen, mis ángeles y guías muchas veces preguntan: «¿Cuál es tu intención?». Es la intención lo que marca la idoneidad o no de un proyecto o una idea. Asegúrate de que tus intenciones no provienen del ego sino que responden a un bien mayor.

U na intención es como una flecha en el aire. Nada puede desviarla de su curso. Así que apunta con cuidado.

La energía universal respalda la intención. Es la base de la manifestación.

Lo que en ciertos círculos se llama «relación de objetivos» equivale a las intenciones bien especificadas de esa organización. Leer esa declaración en voz alta al inicio de las reuniones mantiene los objetivos a la vista. Las investigaciones indican que las compañías que lo hacen antes de sus reuniones laborales consiguen sus objetivos con más rapidez y exactitud que las que no lo hacen.

14

La Ley de la Prosperidad

Todos los padres quieren que sus hijos tengan todo lo que necesitan. La Fuente divina, el padre/madre Dios, no es diferente. Tú eres un hijo amado del Universo. Es hora de que reclames tu herencia divina y seas próspero.

Ciertas cosas te mantienen en la escasez y otras te permiten prosperar. Imagina una planta. Si la colocas en una tierra inadecuada, en un lugar lleno de babosas, con poca o demasiada agua y sol, ¿realmente esperas que florezca? Si limitas sus raíces y su espacio de crecimiento, no la riegas nunca o constantemente la replantas, lo que puedes esperar es que muera. Así que plántala en una buena tierra, con suficiente agua y sol. Dale libertad para crecer y la seguridad para que se asiente ella sola. Protégela y cuídala. Así la animas a que florezca.

Las leyes espirituales que hacen que prosperes o te marchites funcionan de igual manera. Una estructura mental inadecuada es como la tierra pobre. Si crees que no te mereces la prosperidad, es como si te considerases un suelo pedregoso. Creer en ti mismo equivale a una tierra rica y fértil. El temor y la apatía te resecan, mientras que el entusiasmo, la alegría y las expectativas positivas te permiten expandirte.

Exprésate de forma creativa. Date libertad para desarrollarte. Cultiva tus dones y talentos. Tu prosperidad florecerá.

Extraemos cosas del depósito universal según sea nuestra consciencia. O tienes una consciencia de pobreza o de abundancia. Muchos aspirantes han pertenecido en vidas anteriores a órdenes religiosas en las que han hecho votos de pobreza. Eso pudo haber sido adecuado entonces, pero si todavía siguen activos eso no les está haciendo ningún favor, porque se sienten culpables por tener dinero. Si sospechas que éste podría ser tu caso, reza para ser liberado de los votos o pide una cita con un terapeuta espiritual que te ayude a liberarlos.

La mayoría de las almas viejas no valora los bienes materiales de la misma forma que las almas jóvenes. Esto es comprensible porque ya han ido tras lo material en vidas pasadas y saben que se trata de algo ilusorio. A veces pierden de vista la trama y sienten que las cosas materiales no son espirituales. Demasiadas personas buenas piensan que tener dinero es algo sacrílego. La realidad es exactamente al revés.

 Lo más espiritual es tener dinero y utilizarlo sabiamente con amor.

Tras la consciencia de pobreza existe un inmenso temor. Suelo recibir cartas de personas desesperadas que ya no saben qué hacer con respecto a su situación financiera. Toda la energía de la que disponen está hipotecada por su concentración en la escasez.

 No es espiritual preocuparse constantemente por el dinero.

La ambición es una indigestión financiera. Es el equivalente de ser invitado a un bufé libre y amontonar comida en el plato, mucha más de la necesaria, para satisfacer el apetito. Te sentará mal o bloqueará de alguna forma tu energía.

Si haces acopio de dinero en el banco, sin dejar que circule, a la larga le estarás diciendo al Universo que no quieres más, y un buen día dejará de mandarte más.

 El ideal espiritual es tener suficiente y saber que eso es mucho.

[«Aquel que sabe que tiene suficiente es rico», dice Lao Tse (taoísmo).]

Había un hombre con tendencia al resentimiento, que siempre se estaba quejando. Era perezoso y se sentía indigno. Desperdiciaba oportunidades porque no creía en sí mismo. Era desgraciado y pobre. Si eres mezquino de espíritu, rígido de mente y tacaño, nunca te sentirás satisfecho ni feliz porque la consciencia de pobreza es una actitud.

Las personas de corazón generoso, de mente abierta y magnánima, siempre estarán satisfechas y felices. Su actitud de consciencia de prosperidad se encargará de ello.

El legendario Paul Getty era rico, mucho más de lo que nadie pueda imaginar. Su valor se estimaba en miles de millones y estaba rodeado por riquezas materiales, pero vivía solo y temiendo constantemente la pérdida. Era un hombre rico con una consciencia de pobreza.

Prosperidad significa tener
la sensación de bienestar económico.

Muchos de los faraones, José de Egipto, incontables monarcas y gobernantes, poderosos y acaudalados, han sido Maestros altamente evolucionados que han asumido la responsabilidad de la riqueza. La lección que conlleva la prosperidad es utilizar la riqueza con sabiduría.

La riqueza confiere responsabilidad
y poder.

Existe una historia bien conocida sobre un gobernante sabio y próspero. El rey tenía cuatro hijos, a los que adoraba. Con el tiempo fueron creciendo y cada uno de ellos salió al mundo para explorar y buscar fortuna. Su padre confiaba en que todos regresarían algún día con experiencias que compartir, nuevos conocimientos y sabiduría.

Pasaron los años y el rey empezó a pensar que nunca regresarían. Entonces un día apareció una mendiga harapienta a las puertas de palacio, que dijo ser hija del rey. Cuando se le comunicó la noticia, el rey salió corriendo hacia la puerta y vio que efectivamente se trataba de su hija.

—¿Cómo has podido llegar a este estado? —exclamó acongojado—. Entra, querida hija.

La llevó a palacio y mandó hacerle ropajes nuevos y dio un banquete en su honor. Pero ella no quiso. Pensaba que no era digna de su reino y prefirió pasar sus días pidiendo limosna, gimiendo y quejándose fuera de las puertas del palacio. Su padre estaba destrozado.

Pasó cierto tiempo antes de que apareciera un joven ante la puerta de palacio diciendo que era el hijo del rey. Lleno de alegría, el padre corrió a saludarle y de nuevo ordenó un banquete y elegantes ropas. Para su consternación, parecía que su hijo había olvidado cuál era su derecho de nacimiento. El rey lo encontró fregando las escaleras como si fuera un sirviente. Su hijo le comentó que no merecía recibir la munificencia del reino. Su actitud era totalmente servil. Tenía que hacer cosas constantemente para justificar su manutención. Su padre estaba muy afligido.

Pasaron los meses hasta que un día una hermosa dama en una carroza tirada por seis caballos blancos cruzó la verja, anunciando que era la hija del rey. Fue llevada ante el rey, que se sintió jubiloso de que su amada hija hubiera regresado por fin. Ella disfrutó del banquete y del elegante atuendo de princesa, pero cuando el padre le pidió que le ayudara a gobernar el reino, ella dijo:

—No. Es tu reino, padre. Lo gobiernas tú.

Quería toda la magnificencia pero sin la responsabilidad. El padre estaba francamente preocupado.

Por último regresó el cuarto hijo. Era un gallardo joven, de ojos claros y expresión resuelta. El viejo rey se alegró de verlo. El joven disfrutó del banquete y de la abundancia de su posición como hijo de su padre. Recorrió el reino y después le dijo a su padre:

—He regresado con nuevas ideas y sugerencias. ¿Cómo puedo ayudar?

—Hijo mío —replicó el rey—. Deseo que reines a mi lado y asumas conmigo la responsabilidad del reino.

—Será un placer —respondió el hijo.

Su padre sonrió y se relajó. Estaba encantado.

La auténtica prosperidad llega cuando aceptas tu generoso derecho de nacimiento y la responsabilidad y el poder que ello implica.

iensa, habla y actúa como si fueras próspero y el Universo recibirá el mensaje y te enviará abundancia.

15

La Ley de la Manifestación

HAS manifestado todo aquello que existe en tu vida. Puedes haber utilizado la Ley de la Atención, de la Atracción, de la Plegaria o cualquiera de las leyes espirituales que ya he descrito para atraer esas cosas hacia ti. La mayor parte del trabajo se realiza en un nivel inconsciente.

 Los aspirantes espirituales que sintonizan
con la información y guía angélica
y de seres de luz más elevados,
y que dominan sus mentes y sus emociones,
pueden manifestar la intencionalidad.

Vivimos en un océano de consciencia divina por el que fluyen los símbolos de lo que nuestro corazón anhela. Eso que deseas atraer a tu vida ya está nadando por el éter del mundo no manifestado como un hermoso pez que espera ser pescado. Cada pez tiene una frecuencia propia y está emitiendo en la longitud de onda celestial. Lo primero que tienes que hacer es sintonizar con la frecuencia vibracional de la visión que buscas. Esto sirve para acceder a la información que necesitas atraer hacia tu vida.

Los peces que nadan en los mares celestiales emiten sonidos de alta frecuencia. Debes enviar un mensaje similar para que vengan hacia ti.

Tus constantes pensamientos producen interferencias que interrumpen tu delicada sintonía con la frecuencia que necesitas escuchar. Es como intentar pescar ese pez mientras vas chapoteando por el agua. Los sonidos del habla humana, de los motores de una barca, las bocinas, el ruido del mundo, interfieren con tu capacidad para sintonizar con el mensaje del pez.

Si estás nadando en aguas turbias, es muy difícil que el pez se acerque a ti o bien puede que no lo veas si lo hace. Dirígete a aguas claras aquietando la mente.

Debes saber qué tipo de pez es exactamente el que quieres. De otro modo puede que acabes atrapando un tiburón. La claridad es algo clave para la manifestación.

Quédate quieto y con la mente serena, eleva tu frecuencia al mismo nivel que aquello que deseas, y entonces se acercará a ti. Si deseas tener un amigo de corazón noble, divertido y jovial, debes desarrollar esas cualidades en ti mismo.

La facultad de manifestar es una fuerza muy poderosa, así que es imperativo que manifiestes sólo para el bien más elevado. Por tanto el primer paso que debes dar es meditar y escuchar a tu guía interior, para que tengas totalmente claro eso que tienes intención de manifestar.

Tan pronto como poseas esa claridad, visualiza lo que quieres. La visión es un factor importante, porque las imágenes penetran en el hemisferio derecho del cerebro, que corresponde al potente ordenador creativo.

Debes tener una fe total y absoluta en que está de camino. No dudes. No te desvíes. Mantén la visión.

Cuando eres un ser de una dimensión elevada, como Jesucristo, puedes traer panes y peces de la dimensión no manifestada a la material mediante el poder de tu visión clara y de tu fe. Sai Baba, el avatar que vive en la India, hace lo mismo. Manifiesta hermosas joyas y también *vibhutti*, la ceniza sanadora, para sus devotos. Yo sé que existen muchos gurús y también magos que poseen este poder. Sintonizan con el pez que quieren y éste acude nadando hasta sus manos.

Mientras que algunos seres de la quinta dimensión pueden manifestar sólo con el poder del pensamiento, los de la tercera y cuarta dimensión tienen que emprender alguna acción para poder hacerlo.

Le estaba hablando de manifestación a mi hija y ella me dijo: «Recuérdale a la gente que empiecen con cosas pequeñas». Me explicó cómo ella había manifestado un pañuelo de papel esa misma mañana.

Iba de camino hacia la biblioteca cuando empezó a gotearle la nariz. No llevaba encima ningún pañuelo ni *Kleenex*, y no quería comprar una caja entera y pasearla por la ciudad. Así que decidió manifestar un pañuelo de papel. ¡Ahora ya tenía totalmente claro que quería uno! Sabía también que Dios quería que lo tuviera. Así que de algún modo había un pañuelo por ahí que era para ella. Sabía, de manera absoluta y sin ninguna duda, que se le iba a conceder un pañuelo de la manera más adecuada, así que mantuvo los ojos bien abiertos. Cuando entró en la biblioteca, vio una caja de *Kleenex* justo debajo del mostrador, así que pasó a la acción y pidió uno. La bibliotecaria le dijo: «Coge los que quieras, querida».

No existe ninguna diferencia entre manifestar un pañuelo de papel o algo de mayor envergadura. La clave reside en tener fe en nuestra capacidad para conseguirlo.

Si la claridad es tu problema, escribe con exactitud lo que quieres. Si quieres una pareja, escribe con detalle las cualidades que quieres que él o ella posea. Esto dará información a tu hemisferio cerebral izquierdo, tu mente lógica. Relájate y visualiza a esta persona, para que tu ordenador del hemisferio derecho, tu mente creativa, trabaje en sincronía con el izquierdo.

Entonces asegúrate de que posees en tu interior las cualidades que encajan con las que has pedido. Si quieres una persona abierta y de corazón afable, comprueba que tú estás abierto y que tu corazón emite afecto.

Si deseas manifestar un coche, escribe exactamente lo que necesitas. Visualízalo. Entonces asegúrate de que estás emitiendo las vibraciones que encajan con la vibración de ese coche. Si tienes una consciencia de coche pequeño, no sirve de nada intentar manifestar un Rolls-Royce.

Debes ser capaz de sentir la agradable sensación de tener lo que estás manifestando. Concéntrate en las cualidades más elevadas de eso que deseas manifestar y ponte en sintonía con ellas. Si el tener un tipo concreto de trabajo te podría dar una sensación de satisfacción, concéntrate en esa sensación. Haz cosas que te aporten satisfacción hasta que tu sentimiento interior sintonice con el del trabajo que te puedan ofrecer. Entonces se manifestará para ti.

Una manera de echar la caña para atrapar tu pez es dibujar en un trozo de papel exactamente lo que quieres. Comprueba que la energía sea la adecuada, así que ve con cuidado con los colores que utilizas, porque cada color tiene una vibración. Escribe en tu dibujo: «Esto o algo mejor se manifiesta ahora, por el mayor bien de todos». Puede que hayas pedido una sardina cuando el Universo está dispuesto a ofrecerte una buena merluza.

Ahora que has puesto un cebo al anzuelo que resulte atractivo para tu pez, vete a dar una vuelta y espera a que el pez se acerque. En otras palabras: despégate de tu deseo. Después vuelve y emprende la acción que sea necesaria para recoger el sedal.

La sílaba *om* es el sonido de la creación. El sonido tiene una vibración. Algunos sonidos destrozan. Otros curan. El *om* purifica, aquieta y manifiesta. Cuando hayas realizado los pasos mencionados, imagina tu visión mientras cantas el *om*. Esto acelerará la manifestación. Diferentes tradiciones lo escriben como *om*, *ohm* o *aum*.

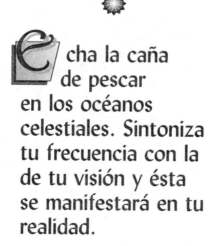

cha la caña
de pescar
en los océanos
celestiales. Sintoniza
tu frecuencia con la
de tu visión y ésta
se manifestará en tu
realidad.

Aquí tienes un resumen de los pasos necesarios para activar la Ley de la Manifestación:

1. Quédate quieto y escucha.
2. Ten muy claro lo que quieres.
3. Relájate y visualízate recibiéndolo.
4. Sintoniza tu vibración con la de aquello que quieres manifestar.
5. Ten una fe total en que está de camino.
6. Sostén tu visión y canta el *om* para que se manifieste.
7 Emprende cualquier acción que sea necesaria.

16

La Ley del Éxito

En términos materiales, éxito simplemente significa conseguir el resultado deseado. Tanto si es para bien como para mal, está regido por la misma ley porque la energía universal respeta tu libre albedrío.

La manera más fácil de conseguir el éxito material es utilizar la Ley de la Atención. Ten claro lo que quieres, ten la confianza y la determinación necesarias y entonces avanza con constancia hacia esa visión. Concéntrate constantemente en ella. Si utilizas esta ley para conseguir tu objetivo no puedes permitirte ningún pensamiento negativo. Y lo que es incluso más importante: no puedes permitirte ninguna imagen negativa.

Tus creencias crean una energía propia que vibra a tu alrededor. El éxito llega cuando crees en ti mismo. Observa tus creencias y ve podando con cuidado las que no te sean útiles para tus objetivos.

Para tener éxito en el amor, examina tus creencias sobre el amor. Aquellos que consiguen el éxito dicen: «Soy digno de ser amado, confío en la gente, respondo amorosamente a las invitaciones de otras personas, abro el corazón y me doy generosamente, me relajo y creo que soy digno de ser amado».

Las creencias que derivan en éxito comercial son: «Puedo confiar en la gente, me merezco triunfar, me merezco tener cosas buenas, puedo responsabilizarme de cualquier tema.»

En términos espirituales, éxito significa creer en ti mismo, haciéndolo lo mejor que puedas y alcanzando el resultado más elevado para todos.

El éxito llega cuando conseguimos la energía adecuada. A mi parecer, Sai Baba es el ser con una vibración más elevada que existe actualmente en el planeta. Millares de personas acuden a su *ashram* todos los días para el *darshan* o bendición que su presencia confiere. La mayor parte de los días él camina entre las multitudes que están sentadas con las piernas cruzadas y en silencio en el suelo del templo. Recoge cartas que los devotos le entregan. Algunas las coge. Otras las ignora. Si coge tu carta, tu petición ha recibido su bendición. Aquellos cuya carta acepta, por supuesto, se sienten encantados. Para ellos es la señal de que la energía que han puesto en su petición es la correcta.

Muchas veces aquellos cuyas cartas no son aceptadas se sienten amargados y desilusionados. Esto es debido a una incorrecta comprensión de la ley espiritual. Si su petición no es espiritualmente correcta, ¿cómo pueden esperar que sea aprobada?

Un amigo mío llamado Kevin pasó un par de semanas en el *ashram* de Sai Baba en Puttaparthi. Escribió su carta pidiendo una bendición para el siguiente paso de su vida, tal como él lo veía. Aunque Sai Baba pasó por su lado y cogió las cartas de los que estaban sentados a su alrededor, ignoró la de Kevin. Se sintió sorprendido pero no se desesperó. Sabía que tenía que meditar serenamente hasta que lo hiciera bien. Después de meditar, escribió otra carta, ligeramente diferente de la primera. También fue ignorada. De nuevo rezó y meditó antes de que un destello de iluminación le alcanzara y entonces fue capaz de ver muchas cosas desde una perspectiva diferente. Con eso en mente, escribió una tercera carta que le salió del corazón (amor) en lugar del ego (deseo). Cuando Sai Baba amablemente tomó su carta, le sonrió a Kevin, que supo que ahora podía avanzar por la vida con la bendición divina.

El éxito se da cuando nuestra vibración personal o colectiva se hace eco de la vibración del resultado deseado.

Si eres una persona coherente tienes que confiar en tu aura de integridad. Así que si dices lo que crees y haces lo que predicas crearás el éxito siempre y cuando sea positivo.

Guardas tus pensamientos en el hemisferio cerebral izquierdo y las imágenes en el derecho. Las imágenes son más poderosas que los pensamientos.

Si piensas en el éxito pero imaginas el fracaso, fracasarás. Además, cuando tus pensamientos se oponen a tus imágenes, hay dos importantes partes de ti mismo en lucha. Esto lleva a la depresión, el agotamiento y la confusión.

> *Cuando tus hemisferios cerebrales,*
> *derecho e izquierdo, están sintonizados*
> *y expresan pensamientos e imágenes*
> *de éxito, el éxito armonioso es inevitable.*

Si el éxito te cae del cielo sin saber de dónde, entonces se trata de karma, la recompensa por algo que hiciste bien en una vida pasada y que estás cosechando en la actual. El karma te ha colocado en el lugar y el momento adecuados, con una estructura mental adecuada. Es el resultado inevitable de la energía que has invertido durante el viaje de tu alma a lo largo de muchas vidas.

Sucede lo mismo si estás trabajando para el mal y tienes una visión negativa, como atracar un banco, o trabajando para la luz ayudando a la gente para su mayor bien. La diferencia radica en que el éxito en las cosas malas crea deudas que inevitablemente habrá que saldar, en algún lugar, en alguna vida. Entonces sentirás que estás siendo perseguido por la mala suerte. El éxito en las cosas buenas acelera el viaje de tu alma hacia la ascensión. A tu vida le sonríe la fortuna.

La buena suerte y las oportunidades favorables son el resultado de un buen karma.

Para poder tener éxito debes seguir también la Ley del Fluir. Una rueda no puede girar si está oxidada. Primero hay que limpiar la herrumbre antes de que el vehículo pueda avanzar.

Si deseas activar la Ley del Éxito y dejar que la rueda de la fortuna gire para ti, suelta lo viejo y mantén una atención positiva sobre el lugar en el que quieres estar.

*Para tener éxito, limpia las
acumulaciones físicas, mentales
y emocionales.*

No puedes tener éxito si no sabes hacia dónde vas. Si deseas cruzar el mar para ir a otro país, tienes que realizar algunos preparativos antes de partir. Decide cuál va a ser tu destino, por ejemplo si te diriges a Marsella o a Calais. Siempre cabrá la posibilidad de cambiarlo después. Examina y ten en cuenta los vientos y las corrientes. Carga el barco con las provisiones necesarias. Cuando decidas zarpar, pon el motor en marcha. Demasiadas personas no alcanzan el éxito porque pasan todo su tiempo planificando el viaje pero nunca se ponen en camino. Por último, leva el ancla. Eso significa que rompes con lo viejo y asumes el riesgo de moverte hacia un futuro diferente.

*En términos espirituales, el éxito se mide
por la sensación de satisfacción y de
realización que te aporta.*

l éxito se da cuando tu vibración se hace eco de la vibración del resultado deseado.

Si has ganado millones pero te has agotado por el esfuerzo, no se considera un éxito a los ojos del espíritu. Ni tampoco si has ascendido hasta la cima de la pirámide pero has hecho daño a otras personas por el camino. Ni tampoco si eres el ganador pero tu honradez es dudosa.

*Tienes éxito cuando has conseguido
tu objetivo mediante la cooperación
y sin quitarle el poder a nadie.*

LAS LEYES DE
LA CONCIENCIA SUPERIOR

17

La Ley del Equilibrio y la Polaridad

Cuando un niño se sienta en un columpio se balancea arriba y abajo formando un arco cada vez más pronunciado hasta que ha alcanzado los extremos más alejados posibles. Después de experimentar esa sensación durante el tiempo que necesita, aminora el ritmo y regresa a un punto de equilibrio y de reposo.

Nuestras vidas son algo parecido. Experimentamos un aspecto de la vida y después su opuesto. Cuanto más deseamos explorar un extremo, más nos alejamos del centro. Entonces tenemos que oscilar en la otra dirección para comprender el otro extremo.

Si hemos tenido vidas de riquezas, necesitaremos experimentar lo opuesto, que es la pobreza. Si nos convertimos en un tirano, nuestra alma deseará compensarlo siendo víctima. Todos tenemos asuntos pendientes en nuestro interior y nuestro objetivo es integrar las polaridades para que podamos vivir en equilibrio. Como la consciencia está avanzando ahora con mucha rapidez, estamos sacando a la luz los diferentes aspectos de nuestra personalidad e intentando equilibrarlos en esta vida.

Alguien que sea maníaco depresivo (trastorno bipolar) oscilará de un polo al otro hasta tal punto que estará fuera de control. Yo conocí a un hombre que a veces se convertía en un ogro dominante, avasallador y arrogante. Cuando había alejado a todo el mundo de su lado con esta actitud, se convertía en una víctima patética para así volverles a atraer. Esto son posturas polares. Cuando logre equilibrar estas personalidades, ya no intentará controlar nada. En lugar de ello se aceptará y se amará, y dejará que los demás sean ellos mismos.

La persona que a veces es muy generosa y lo da todo, y después se convierte en mezquina y no da nada, está oscilando entre dos polaridades. Su lección consiste en encontrar el punto de equilibrio con respecto al dinero.

Otra oscilación polar muy común es estar muy enojado y ser controlador y después desapegado y distante. Son formas opuestas de control. El equilibrio consiste en tener el corazón abierto y un carácter moderado.

El darse atracones y luego matarse de hambre son polos opuestos. Son una manifestación de sentir que se ha perdido el control y, por tanto, de intentar controlar todo lo que sea posible.

La energía masculina es hacer, es racional, lógica, agresiva, mientras que la contraparte femenina es ser, es creativa, intuitiva, pasiva. Nuestro objetivo consiste en equilibrarlas internamente para que podamos escuchar a nuestra intuición *y* actuar de acuerdo con ella; podemos tener ideas creativas *y* utilizar la lógica para llevarlas a cabo. Podemos descansar *y* jugar. Podemos dar *y* recibir. Si cualquiera de estas cualidades está desequilibrada, se nos pide que nos volvamos a centrar y que tomemos nuevas decisiones en la vida.

Tuve una interesante experiencia que sin duda atraje para que me mostrara reflejos de las polaridades opuestas de mi interior. Pasé un par de días con una vieja amiga que tiene consulta y practica la sanación. Encarna el principio femenino. Hicimos un intercambio de sesiones y, por supuesto, charlamos mucho. Ella es extremadamente amable y respetuosa. Yo me sentí muy abierta y dispuesta a mostrarle mi interior, y me marché sintiéndome respetada, fuerte, cuidada y reforzada. Sentí que me había hecho consciente de muchas cosas y que había liberado viejos patrones.

Más tarde, esa misma semana, pasé un par de días con otra amiga. Es una persona con mucha voluntad, incisiva, que lleva a cabo una auténtica cruzada para que todo el mundo saque lo que lleva dentro. Encarna el principio masculino de recia determinación. Su profunda perspicacia es extraordinaria y resulta de gran ayuda, pero me sentí forzada, sin fuerzas, resistiéndome a la experiencia y también desagradecida. Aun cuando le dije exactamente cómo me sentía, ella no lo tuvo en cuenta, porque su objetivo personal era más importante que mis sentimientos. Ese objetivo era que aflorasen mis patrones negativos, tanto si yo le daba permiso como si no.

Mi lección consiste en equilibrar esa parte de mí que es implacablemente incisiva con la que ofrece cuidados y respeta el territorio y la voluntad de la otra persona.

Si no te gusta la forma en que te trataron cuando eras niño, es probable que lo intentes compensar con tus propios hijos. Por ejemplo, si tus padres eran cerrados y mezquinos, puede que les des a tus hijos más de lo que puedas permitirte. Si eran excesivamente protectores, puede que les des demasiada libertad.

Siempre andamos buscando el equilibrio. Cuando lo encontramos ya hemos aprendido la lección. El equilibrar aspectos de nuestra personalidad se parece bastante a ir en bicicleta. Te caes por todas partes. Después sólo te tambaleas. Por último alcanzas un equilibrio y conduces con suavidad. Aun cuando haga años que no vas en bicicleta, te será fácil hacerlo la próxima vez que lo intentes. Quizá tengas un tambaleo o dos, pero no las fuertes oscilaciones que experimentaste mientras aprendías.

Este punto de equilibrio es el que buscamos para todas las cosas.

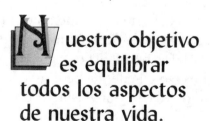

Nuestro objetivo
es equilibrar
todos los aspectos
de nuestra vida.

18

La Ley del Karma

Conocí a Tom hace diez años y me gustó desde el primer momento. Siempre se mostraba afable y amistoso. Se interesaba realmente por la gente y le encantaba escuchar. Alguien me dijo que incluso cuando era niño había sido amable y atento. Su vida no había sido nada fácil, pero no importaba lo mal que le fueran las cosas, él siempre encontraba tiempo para los demás.

Cuando tenía cuarenta y tantos años le surgió la oportunidad de realizar un sueño que había acariciado toda su vida: abrir un negocio. Ello significaba que él y su esposa tendrían que mudarse a otro lugar e invertir cierto capital. Pero no tenía suficiente dinero para hacerlo. De repente, en el último segundo, un vecino que le había cuidado algunas veces cuando era niño y a quien no había visto en veinte años, murió y le dejó una considerable suma de dinero. Era el importe que necesitaba para abrir la nueva empresa. La energía de atención, amabilidad y bondad que siempre había emitido fue convertida por el Universo en energía de dinero y devuelta a Tom en el momento oportuno. Recibió su justa recompensa de un buen karma.

El odio y la cólera son energías perjudiciales. Si las emites, también ellas regresarán de una forma u otra. Puede ser como la mordedura de un perro, como mala salud, un accidente o una persona que te odie.

La Ley del Karma dice: «tal como das recibes». Los malos pensamientos y acciones vuelven a ti. También la amabilidad, la atención para con los demás, el amor, la alegría y la generosidad. Con la medida exacta que tú vivas esas cualidades, recibirás *en algún mo-*

mento el equivalente en tu vida. Puede que no provenga de la misma dirección hacia donde las enviaste.

El karma queda registrado en el libro de contabilidad. Los pensamientos, emociones, palabras y obras resultantes del amor se anotan en la columna del *haber*. Los negativos van en el *debe*. El Universo repasa las cuentas cuando menos lo esperamos. Las personas que no son conscientes del karma lo llaman destino o suerte, ya sea buena o mala.

> Siempre resulta prudente tener un saldo
> positivo en el banco del karma,
> para poder sacar de la cuenta
> en momentos de necesidad.
> Piensa, habla y actúa en nombre
> del bien más elevado y serás
> una persona «afortunada».

Tu familia es tu karma. Tu alma escoge a tu familia antes de nacer. Los lazos familiares difíciles pueden ser una consecuencia de sentimientos o situaciones no resueltos en vidas anteriores. Esta vez escoges a esta familia porque querías otra oportunidad para resolver los problemas. Te ofrecen las lecciones que tu alma necesita aprender. Los sentimientos de intimidad, afecto y amor hacia miembros de tu familia casi seguro significan que tuviste un lazo afectuoso con ellos en otra vida. Los escogiste para que te apoyaran y te dieran unos sólidos cimientos amorosos en ésta.

Nuestra alma ha decidido que debemos aprender a relacionarnos con los miembros de nuestra familia y que debemos aprender unos de otros. Como seres humanos, muchas veces rehusamos aceptar las oportunidades que nuestros parientes nos brindan para el crecimiento y la transmutación de karma. En lugar de ello, preferimos seguir con las antiguas venganzas o sentimientos de separación y susceptibilidad. Muchas veces he oído decir a las personas: «Podemos escoger a los amigos, pero no a la familia». De hecho, es nuestro Yo superior quien escoge a nuestra familia, mientras que los amigos los escogemos de acuerdo con nuestra personalidad.

Conocí a un anciano que era extremadamente autoritario. Durante su matrimonio había mantenido a su mujer firmemente bajo su control. Aunque se tenían mucho amor, él siempre la había descalificado y le decía que no era capaz de hacer las cosas. A la larga ella perdió la confianza en sí misma.

A medida que envejecía se fue volviendo senil, lo que le daba la excusa para hacer y decir las cosas más extravagantes. Mientras lo hacía se reía como una niña traviesa, sin aceptar ningún tipo de responsabilidad por sus palabras ni acciones. A veces incluso atacaba físicamente a su marido. Él se sentía destrozado. Ya no tenía ningún tipo de control sobre ella.

Un día en que yo estaba de visita, el hijo del anciano me dijo, encogiéndose de hombros: «Simplemente se está vengando por todos los años que él la trató tan mal». Estaba presenciando una situación kármica.

Al final de sus vidas el marido se volvió más amable y cariñoso con ella. A pesar de su estado senil, ella respondía siendo más responsable y afectuosa. Ambos empezaron a irradiar amor el uno hacia el otro. Era algo hermoso de ver. Espero que en esas últimas semanas sanaran las heridas y lograran reequilibrar el karma para que, si vuelven a encarnarse juntos de nuevo, sean capaces de respetarse y de amarse.

 Al amar y respetar a los demás,
sanamos las relaciones kármicas.

Es un placer estar con personas que aportan un buen karma a sus matrimonios. Una mujer india que vivía un matrimonio concertado pero extremadamente feliz me dijo que su marido era maravilloso. Me contó que se adoraban incluso después de veinticuatro años de matrimonio; que él era amable, generoso, sabio, sustentador y muy trabajador. «Sé que fue un buen karma lo que lo trajo a mi vida», me dijo con una sonrisa radiante. «Me siento bendecida.»

 Si tienes un problema con alguien,
envíale buenos deseos mentalmente.
Eso empezará a sanar el karma.

Las estructuras mentales que traes a esta vida también forman parte de tu karma. Si tu mente te dice que no eres lo suficientemente bueno, esa creencia atraerá inevitablemente a tu vida cosas y personas que te harán sentir inferior.

Keith era el hijo mayor de la familia y, como muchos primogénitos, su estructura mental le decía que él tenía que ser responsable de todos. Decidió encarnarse como el mayor porque eso le permitía trabajar su karma. Cuando era pequeño su padre le dijo: «Tienes que cuidar de tus hermanos y hermanas». Como eso concordaba con su manera de pensar, se lo tomó muy en serio. Desde ese momento llevó sobre sus hombros la carga de sus hermanos y hermanas, tanto económica como emocionalmente. Cuando llegó a adulto examinó esta creencia y cambió su actitud. Se dio cuenta de que su estructura mental no le resultaba nada útil, y por supuesto tampoco a sus hermanos. Los liberó entonces para que asumieran la responsabilidad de sus propias finanzas y emociones. Esto le liberó de la carga kármica que había estado llevando y a los hermanos les permitió crecer.

*Sólo cargas con el peso del karma
hasta que has aprendido la lección.
La ignorancia es la que te mantiene
sometido. Libérate ahora mediante
tu concienciación y tu amor.*

Las creencias positivas crean buen karma. Mi amigo Robin tenía la creencia de que el Universo siempre cuidaría de él. Su relación con su esposa se rompió y tuvo que mudarse del hogar familiar. No tenía dinero para pagar un alquiler, pero conoció a alguien que le invitó a compartir su casa y luego se convirtieron en grandes amigos. Al cabo de poco tiempo tuvo que ingresar en el hospital para una operación. Una mujer, prácticamente una extraña, le llevó del hospital a su hermosa casa, donde ella y su marido le cuidaron. Me contó que cuando miraba hacia atrás en su vida, veía que siempre le habían cuidado de maneras inesperadas. Me dijo: «Realmente confío en que el Universo cuidará de mí». Las creencias positivas crean buen karma en tu vida. Entonces ocurren cosas maravillosas. Tú eres el responsable de tu propia estructura mental, así que cambia los programas si no te sirven. Tú eres la única persona que puede hacerlo.

*Si tus creencias no te hacen feliz,
entonces cámbialas ¡ahora!*

Tu salud es tu karma. Antes de encarnarte escogiste a tu familia, los retos con los que te ibas a encontrar y también tu misión. También escogiste tu cuerpo y tu predisposición genética. Si para la evolución de tu alma escogiste una familia con una predisposición a una enfermedad determinada, el reto que ello implica se convierte en tu karma. Puedes haber escogido una familia que goza de buena salud y de unos cuerpos robustos. Entonces ése es tu karma. Las opciones que se abren frente a ti en cada momento respecto al pensamiento y a la emoción, afectan a tu vitalidad y a tu salud. Esto es karma.

Jesucristo describió el karma diciendo «tal como siembres recogerás». Si cuidas bien de tus semillas obtendrás buenas plantas. Una sanadora me contó que los niños de la clase de su hija habían plantado judías en papel secante. Su pequeña hija sostuvo la judía entre las manos y le envió energía de amor antes de plantarla. Cuando la profesora le preguntó qué estaba haciendo, ella respondió: «Estoy haciéndole sanación a mi semilla». Al parecer los resultados fueron prodigiosos. Esa judía creció mucho más fuerte y con más rapidez que todas las demás.

Existe una exacta compensación espiritual para todas las experiencias de nuestra vida. Si alguien está acumulando grandes deudas kármicas entrando a robar en una casa, robando coches o dañando la creación de Dios de alguna manera, es un acto de compasión y de sentido común por parte de la sociedad detener a esa persona. Eso significa que ya no podrá acumular más deudas, lo que comportaría que sus vidas posteriores fueran mucho más difíciles.

La hoja de balance de tu karma lleva el nombre de registro akásico. Tu archivo personal está custodiado por tu ángel de la guarda, que te acompaña a lo largo de todas tus vidas y que también recibe el nombre de ángel del registro. Los Señores del Karma, que son seres increíblemente evolucionados, están a cargo de todos los registros akásicos, que se guardan en el gran ordenador Universal. Cuando se te ofrece la posibilidad de encarnarte, ellos ayudan a tu alma a tomar importantes decisiones, entre ellas la elección de los padres y lo que deseas aprender y conseguir en esa vida.

El karma se lleva de una vida a otra. Puede que no experimentemos las consecuencias de nuestras acciones hasta una vida posterior. Por eso muchas veces no existe una correlación obvia y visible entre una acción y su consecuencia, con el resultado de que muchas personas se han olvidado de la Ley de Causa y Efecto. Cuanto más elevada es nuestra vibración, más rápidamente regresa el karma a nosotros. Si sientes que nunca te han pasado nada por alto es que estás sujeto a un karma instantáneo. Ello significa que lo que emites regresa a ti instantáneamente. Es una señal de que te estás volviendo más evolucionado porque tu hoja de balance kármica está siempre al día. Tu alma ya no te permite acumular deudas.

Ahora Dios ha decretado que es tiempo de que termine el karma en la tierra. Puedes tener acceso a tu archivo akásico, a la hoja de balance de tus deudas y créditos, mediante la meditación.

Tenemos el inmenso privilegio de vivir en esta época, en la que podemos solicitar una dispensa divina para liberarnos de nuestra deuda kármica. Ésta es la primera vez que algo así

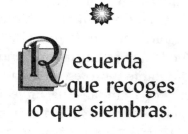

Recuerda que recoges lo que siembras.

está al alcance de las almas que viven en la Tierra. Cuando hayas hecho todo lo posible para sanar una situación o una relación, puedes pedirle a la Fuente, en meditación, a través de los Señores del Karma, una dispensa divina para liberar la carga de tu karma.

Si deseas disfrutar de un futuro seguro salda tus deudas espirituales y acumula crédito en el banco del Universo.

19

La Ley de la Reencarnación

Encarnación (del latín *caro, carnis*) es cuando tu espíritu entra en un cuerpo físico. La reencarnación es el principio de regresar a un cuerpo físico más de una vez. De acuerdo con la Ley de la Reencarnación, si queda algo incompleto o por resolver al final de una vida, a tu alma se le permite la oportunidad de regresar en forma humana para completarlo o resolverlo.

Si estafas a tu socio tu alma deseará enmendarlo volviendo para ayudarle en otra vida.

Cuando un marido ha hecho daño a su mujer, desearán volver a estar juntos para que el alma del marido pueda saldar la deuda. Puede que se encarnen como marido y mujer o como padre e hijo, estudiante y profesor o incluso como amigos.

Por ejemplo, una mujer sentía la compulsión de cuidar de su nieto, que padecía una enfermedad crónica. Se quedaba con él todo el tiempo. Durante una regresión se dio cuenta de que en una vida pasada habían sido marido y mujer. En esa vida como hombre, había abandonado a su mujer, que había sufrido graves consecuencias. Esa esposa era ahora su nieto, y esta vez ella sentía que tenía que permanecer a su lado.

Si un padre muere dejando a su hijo enfadado, confuso o con muchos malentendidos, según la Ley de la Reencarnación esos espíritus decidirán volver juntos para intentar relacionarse de otra manera. Familias enteras suelen regresar a la vez para intentar solucionar las cosas. Las comunidades que están en conflicto o en guerra regresarán juntas a la Tierra para ver si sus almas pueden encontrar juntas la paz en lugar de entablar una batalla.

Muchas veces nos encarnamos una y otra vez bajo circunstancias similares porque es deseo del alma poner paz al pasado. Una vez en la Tierra, en este plano material de libre albedrío, resulta demasiado fácil olvidar los ideales y la perspectiva del mundo espiritual. Una vez más cometemos los mismos errores y nos vemos atrapados en el ciclo de la reencarnación.

Como es abajo, así es arriba. Un niño pasa por la guardería, por el parvulario, por la escuela primaria y secundaria. Cuando crece va al instituto, después a la universidad y por último puede que haga algún máster o doctorado.

La Tierra es un lugar de aprendizaje donde nuestras lecciones se nos presentan en forma de experiencias. Los recreos, los fines de semana, las vacaciones de Navidad, Semana Santa o de verano se conocen como muerte. Nos conceden unas vacaciones para el espíritu antes de volver a la escuela encarnados. Al igual que un escolar y sus padres examinan el boletín de notas después de cada trimestre, así revisamos nuestra vida cuando morimos. Con la ayuda de nuestros guías, ángeles y espíritus mentores, conocidos como Señores del Karma, decidimos qué lecciones deseamos mejorar y qué clases tenemos que repetir. Allí donde hemos sacado buena nota, nuestra alma aprende nuevas lecciones en el trimestre siguiente.

Los seres humanos más jóvenes, aquellos para quien la Tierra es una experiencia de enseñanza primaria para su alma, acuden a todas las clases que el planeta les ofrece. Experimentarán vidas bajo todo tipo de religión, tendrán vidas de soldado, campesino, mercader, artista y en todo lugar imaginable donde puedan aprender. Estas almas se reencarnarán una y otra vez para perfeccionar las lecciones y saldar su karma. Experimentarán todas las polaridades, como estudiante y profesor, rico y pobre, hombre y mujer, egoísta y generoso, asesino y víctima, traidor y traicionado. Los registros akásicos son las hojas de balance de nuestras vidas, custodiadas por los Señores del Karma. Lo bueno y lo malo pasa a la columna del *haber* y del *debe*. En vidas futuras podremos sacar provecho de nuestro *haber*, pero también tendremos que saldar lo que indica el *debe*.

Existen muchas razones para desear reencarnarse, por ejemplo para enmendar errores pasados; en otras palabras, para saldar nuestras deudas.

Para experimentar y hacernos más fuertes.

Para aprender más sobre emociones, sexualidad y otras lecciones que sólo se encuentran en la Tierra.

Para ayudar, enseñar, ser una luz, o servir en este planeta.

Debido a sus difíciles condiciones, la Tierra es una institución educativa muy apreciada en el Universo. Las almas anotan su nombre en una lista de espera para venir aquí, porque eso les ofrece oportunidades para su evolución que no se encuentran en ninguna otra parte. Todas las lecciones de este plano están relacionadas con el amor.

Éste es el planeta del libre albedrío. Cada pensamiento, palabra o acción a la larga se manifiesta en tu vida. Tus estructuras mentales y emociones son las que construyen tu cuerpo físico y te brindan nuevas experiencias. Una vez has adquirido maestría sobre las lecciones del plano terrenal, tu alma puede servir en muchos de los establecimientos de luz más elevados de los universos.

La Tierra es el equivalente cósmico de una ciénaga infestada de cocodrilos. Sólo las almas más intrépidas se apuntan a este desafío. Si logras cruzarla sin enfangarte eres un héroe. Muchas veces las personas se quedan estancadas en el lodo y entonces algunas almas más experimentadas se ofrecen para encarnarse y ayudarlas. Al hacerlo también ellas se contaminan y tienen que regresar para pagar su karma.

En estos momentos algo nuevo está teniendo lugar. La Tierra está avanzando hacia una dimensión más elevada. Esto significa que el lodo del pantano se está secando y todos los esqueletos y toda la basura están saliendo a la superficie para que se puedan ver a la luz del día. Es hora de observar atentamente nuestra basura y limpiarla.

A continuación he añadido un resumen algo simplista del programa general de la reencarnación:

Las almas «bebé» escogerán una vida muy simple en sus primeras encarnaciones. Puede que elijan una sociedad o una familia sencilla donde tengan el cuidado garantizado. Muchas veces sólo se quedan unas horas, días o semanas, justo para catar el ambiente de la Tierra.

Las almas «niño pequeño» necesitan instrucciones claras y límites. Se aferran a religiones fundamentalistas y son antidivorcio o cualquier otra cosa que amenace una estructura segura. Se crean mucho karma debido a su rígido control, dogmatismo y celo misionero.

Las almas «adolescentes» salen al mundo exterior y a veces causan estragos. También tienden a incurrir en onerosas deudas kármicas porque suelen utilizar mal su energía. No obstante, tienen el impulso y la fuerza vital para tirar adelante en su camino y asumir nuevos retos. Desafían a las viejas formas de ser.

Las almas de «mediana edad» se están volviendo sabias y empiezan a saldar deudas que acumularon en tempranas encarnaciones. Por este motivo suelen tener vidas difíciles.

Las almas «viejas» son sabias y serenas. No obstante, muchas veces están tan distanciadas del mundo material que tienden a no dejar mucha huella en el mundo.

Al final siempre existe una resolución para todas las cosas. Si las personas supieran que deben regresar para enmendar las cosas malas de su vida, prestarían más atención a las leyes espirituales. Yo opino que cuando el emperador romano Constantino el Grande, junto con su madre Helena, hizo borrar cualquier referencia a la reencarnación del Nuevo Testamento en el año 325 dC., no le hizo ningún favor a la cristiandad. En el año 553 dC. el emperador Justiniano refrendó está acción en Constantinopla y declaró que la reencarnación era una herejía, temiendo que una comprensión de la sagrada Ley de la Reencarnación fuera a debilitar el creciente poder de la Iglesia.

No debemos juzgar lo que otra persona está haciendo ni cómo está trabajando las lecciones de su encarnación. Simplemente sé consciente de que toda alma está embarcada en un viaje de muchas vidas y que está aprendiendo durante la travesía.

Sólo un alma joven hará daño a otras personas, animales o al planeta. Ten compasión por las almas jóvenes, porque no saben lo que se hacen. Un día u otro tendrán que pagar por lo que han hecho a otros. La tarea de un alma evolucionada es ayudarles sin asumir responsabilidad por lo que hacen ni tratarles con condescendencia. La mejor manera de ayudar a otros es demostrar con el ejemplo que existen modos de vida alternativos.

Reencarnación etimológicamente significa «volver a la carne». No obstante, en esta época se están reencarnando muchos seres de las estrellas para echarnos una mano con el cambio de consciencia que está teniendo lugar. Los seres estelares proceden de diferentes planetas, a veces de diferentes universos, donde, por supuesto, carecen de cuerpo físico. Hay muchos ahora en la Tierra procedentes de las Pléyades, de Saturno, Marte, Júpiter, Venus, Andrómeda y de otras galaxias. Algunos son de universos más lejanos.

Los hijos de las estrellas son almas evolucionadas que vienen a la Tierra para ayudar. Tienen una perspectiva diferente de la vida. Igualmente están aquí para experimentar y muchas veces también ellos se contaminan de la dualidad de la Tierra y generan karma. Entonces desean volver para saldar sus deudas. En general tienen menos karma, porque han tenido menos encarnaciones y por tanto menos oportunidades para generarlo.

Los seres estelares suelen tener la sensación de ser diferentes y sienten que no pertenecen a este mundo. Si esta experiencia terrenal te parece extraña y difícil, si no logras comprender la locura y la estupidez de la humanidad, y sabes que la vida es un reto espiritual y no material, si sientes el deseo de servir, es casi seguro que eres un hijo de las estrellas.

Tanto los seres estelares como los terrícolas están decidiendo aprovechar las oportunidades que se están abriendo actualmente para la ascensión. Ascensión significa elevar tu vibración espiritual a un nivel tal que ya no necesitas encarnarte más. Para ello tienes que haber saldado antes tus deudas kármicas, aprendido bien las lecciones de la Tierra y abierto tu mente y tu corazón.

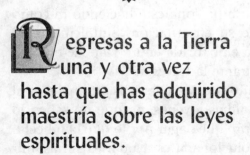

Regresas a la Tierra una y otra vez hasta que has adquirido maestría sobre las leyes espirituales.

Una vez has dejado atrás la rueda de las encarnaciones, pasas a otros planos superiores del Universo, y continúas evolucionando en la luz.

20

La Ley de la Responsabilidad

 Responsabilidad es la capacidad de responder adecuadamente a una persona o situación.

Cuando suena el clarín para que las almas emprendan ciertas tareas, ¿cuál es tu reacción? ¿Respondes a tu intuición y a las visiones que se te envían? El Universo nos manda retos para comprobar cómo respondemos. Las pruebas sucesivas te preparan para la promoción espiritual. Depende de ti demostrar que eres capaz de asumir la responsabilidad. Antes de promocionarte tienes que pasar las pruebas, porque puede que muchas almas dependan de ti.

Como es arriba, así es abajo. Tan pronto como crees que tu hijo puede conducir correctamente el coche, te sientes contento de prestárselo. Cuando se tiene confianza en un estudiante, porque se porta de forma honrada y sensata, se le da el cargo de prefecto. Al trabajador de una empresa no se le asciende hasta que no haya demostrado que puede afrontar una serie de problemas.

 Cuando las fuerzas superiores creen que puedes realizar correctamente algún tipo de tarea, dejarán la responsabilidad en tus manos.

Existen ciertos momentos en la vida en que asumimos responsabilidades espirituales. Una de ellas es traer un hijo al mundo. Tanto si el bebé ha sido planificado conscientemente como no, tu Yo superior y el Yo superior del niño se pusieron de acuerdo. Tu evolución espiritual depende de cómo respondes a ello. Hacer encarnar a un niño con discapacidades es una responsabilidad extra, que te ofrece más retos y oportunidades de crecimiento si decides aceptarlos.

Cuando diriges un proyecto o negocio de gran envergadura, muchas almas se verán afectadas por tus decisiones. Por ejemplo, si estás al cargo de una escuela o de un hospital, eres responsable del bienestar de muchos. Si te enfrentas con integridad al reto, su progreso espiritual se verá beneficiado.

Los retos y las responsabilidades son un honor. Indican que espiritualmente estás preparado para cosas más importantes.

Todas las cosas y personas que están a tu cuidado representan una responsabilidad. Si no respondes al desafío entonces te lo quitarán de las manos y puede que te lo vuelvan a presentar en otra ocasión.

Todo lo que posees en la vida es un préstamo que se te ha hecho. ¿Cómo cuidas de tus hijos, de tu hogar, jardín, ropa y libros? Tu responsabilidad es cuidarte de ellos.

No puedes asumir grandes responsabilidades en la vida si no te ocupas de tus propias necesidades. Tus emociones y tu espíritu necesitan cuidados. Tu cuerpo es un templo que debe ser atendido. Cuídate tú primero. Entonces serás capaz de cuidar de los demás.

No obstante, con la excepción de tus hijos pequeños, tú no eres responsable *de* nadie más. Todo individuo es responsable de sus propios sentimientos y de su propio destino, y no es tuyo el derecho de llevar la carga de otros porque estarás obstaculizando su crecimiento.

Tu responsabilidad es apoyar, respaldar y animar a los demás para que asuman sus propias responsabilidades.

Un cliente mío llamado Bernard era un chico encantador, aunque tenía un aspecto ligeramente preocupado. Tenía una hermana retrasada mental. Ella era perfectamente capaz de cuidar de sí misma y podía incluso trabajar en algo sencillo. No obstante, había ciertas cosas de esta compleja sociedad nuestra que estaba claro que ella no podía afrontar. Sus padres no eran capaces de asumir la responsabilidad por esa muchacha. Se habían lavado las manos y le habían dicho a su hijo que su hermana era responsabilidad suya. Él lo aceptó. Ninguno de los otros hermanos quería saber nada, así que él se volvió excesivamente protector. En una ocasión en que tenía que emprender un largo viaje, le preocupaba en extremo que ella no fuera capaz de arreglárselas sola. Le pidió a otra hermana que fuese a su casa a pasar el fin de semana y así tenerla vigilada. Ella se negó, diciendo que no era asunto suyo. Por fin tuvo que marcharse, dejando a su hermana sola. Cuando regresó del viaje descubrió que ella había hecho todas las tareas domésticas que él llevaba haciendo desde hacía años, pensando que su hermana no era capaz de hacerlo. Además, había llamado a un lampista cuando el radiador empezó a gotear, había cuidado del niño de la vecina cuando a ésta le surgió una emergencia, y había hecho sus propias compras. Se dio cuenta de que durante años él le había controlado la vida y negado la oportunidad de asumir la responsabilidad de sí misma. Al ser excesivamente protector, había hecho que el crecimiento espiritual de su hermana fuera más lento.

Cuando asumimos la responsabilidad
por las decisiones de otra persona,
no estamos obrando a favor de
su mayor evolución.

Eileen tenía un hijo de doce años. Él le pedía continuamente que le dejara quedarse con unos amigos. A ella no le parecía bien y siempre que le hacía la temida pregunta: «Por favor, ¿me puedo quedar con Bill y Jo esta noche?» el tema acababa en discusión. Él sabía que a su madre no le gustaba que se quedara en casa de Bill y de Jo, pero seguía preguntando.

Un día Eileen decidió cambiar la respuesta. Le dijo: «No me pidas permiso para hacer algo que sabes que no me gusta. Si quieres quedarte allí, toma tú la decisión y asume la responsabilidad». Su hijo se quedó horrorizado. No tenía ningunas ganas especiales de quedarse con Bill y Jo, pero le gustaba culpar a su madre por decirle que no. Ahora él tenía que asumir la responsabilidad. No volvió a preguntarlo más. Ni tampoco se quedó en casa de esos amigos. Las discusiones terminaron.

 Les negamos el poder a los niños asumiendo responsabilidades por ellos. Una persona a quien se le ha quitado el poder siempre está resentida.

Una amiga mía organizaba talleres para ayudar a los padres de los niños que asistían a una escuela local. Sus palabras de presentación eran: «Si estás teniendo problemas con tu hijo, no esperes que cambie. Cambia tu propia conducta y tu hijo hará lo mismo».

Los padres se quedaban boquiabiertos pero veían que tenía lógica. La mayor preocupación de la mayoría de los padres era que sus hijos hicieran los deberes. El comportamiento de los padres comprendía amenazas, sobornos, imposiciones y hacer los deberes por ellos. En otras palabras, los padres estaban cargando con la responsabilidad de los deberes de sus hijos.

Mi amiga les dijo: «Tu hijo es responsable de hacer sus propios deberes. Si se niega a hacerlos, simplemente dile: "De acuerdo. No los hagas". Pero no le firmes el boletín escolar. Deja que sea él quien se enfrente a las consecuencias».

Los padres ponían cara de asombro y se quedaban totalmente aliviados. Los profesores respaldaban a mi amiga y los niños empezaron a hacer los deberes voluntariamente.

 La verdadera responsabilidad es la capacidad de responder a las necesidades de todo

 *lo que te rodea: flores, árboles, animales, seres humanos y el planeta. Un ser evolucionado responde con gentileza a toda criatura viviente del Universo.*

Un día almorcé con una mujer a quien admiro mucho. Es una sanadora que organiza grupos y tiene un centro de sanación, y que ha ayudado a millares de personas. Siempre ofrece un aspecto agradable, sereno y radiante. Le pregunté cómo había iniciado su camino y me dijo que su padre era esquizofrénico. Se comportaba de una manera estrambótica y resultaba peligroso tenerlo como padre. Ella no le culpaba ni se sentía enojada. Aceptaba que lo había escogido como padre para que le enseñara unas lecciones increíbles. Me dijo que había aprendido tanto como resultado de sus experiencias con él, que después quiso ayudar a otros. Los retos de sus primeros años le proporcionaron compasión y voluntad, y ésa fue la preparación que necesitó para asumir la responsabilidad de un centro de sanación.

Es muy habitual que un niño lleve a cuestas las creencias que le han volcado encima los padres. A veces también incorporamos la proyección de algún profesor.

Un joven llamado James siempre había tenido la impresión de que molestaba. Entonces se dio cuenta de que cuando tenía diez años se había sentido inferior debido a unos problemas en su casa. En esa época su profesora le había repetido constantemente: «Eres estúpido». Él se lo había creído. Había pasado a formar parte de su programación y había estado llevando esa carga desde entonces.

Era hora de que devolviera la creencia a su lugar de procedencia. Se sentó, visualizó a esa profesora, la señora B., que se acercaba a él. Él le devolvió su creencia. Sólo entonces fue capaz de recordar ocasiones en que había sido listo, espabilado y alabado por su agilidad mental. Su autoestima y su propia valoración mejoraron.

Si llevas a cuestas alguna creencia, emoción o secreto familiar, devuélveselo a la persona que te lo dio. Hazlo con amor pero con firmeza.

Otra manera es invocar a los ángeles y a los maestros ascendidos y pedirles que transmuten la energía.

>
> *Cuando llevamos las cargas de otras*
> *personas, ponemos obstáculos*
> *a su crecimiento y a que puedan aprender*
> *sus lecciones de vida. Retrasamos*
> *su evolución y también la del planeta.*
> *Si asumes la responsabilidad de los*
> *sentimientos de otro, es como una deshonra*
> *para esa persona.*

Si no eres capaz de contarle a alguien una situación o cómo te sientes, por si le haces daño, se enfada, se siente celoso o deprimido, estás asumiendo responsabilidad por sus sentimientos. Le estás haciendo una injusticia. Cuando hablas honestamente acerca de tus propios sentimientos, estás asumiendo la responsabilidad por ti mismo y al hacerlo liberas tanto a la otra persona como a ti mismo.

La mayoría de nosotros proyectamos nuestros sentimientos sobre los demás. En otras palabras, sabemos que nosotros nos enfadaríamos si estuviéramos en esa situación, así que imaginamos que ellos también lo estarán. Volcamos nuestros asuntos sobre ellos.

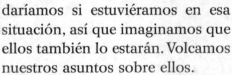

Soy responsable de mí mismo y de mis propios caminos, y dejo que los demás lo sean de los suyos.

Si dices: «No puedo decírselo a Joan porque sé que sentirá envidia», estás proyectando tu propia envidia en ella. Puede que Joan sienta envidia, pero si es así, es su propia responsabilidad.

Cuando comprendemos la Ley espiritual de la Responsabilidad, ya no culpamos a nadie más ni proyectamos nuestros sentimientos sobre los demás. Lo que sí hacemos es asumir la total responsabilidad por cada cosa que nos ocurre en la vida, por cada sentimiento que tenemos, cada emoción y cada pensamiento.

Un maestro se plantea la cuestión de esta manera: «¿Qué hice para que ocurriera esto? ¿Qué pensamiento o emoción transmití? ¿Qué acciones he realizado en el pasado para crear esto?» y, lo más importante: «¿Cómo puedo cambiar las cosas?».

*Cuando asumes la responsabilidad
de tu propia vida te conviertes
en maestro.*

La Ley del Discernimiento

DE un bebé no se espera que conozca la diferencia entre lo que está bien y lo que está mal. De un adulto sí. Cuanto más evolucionados somos, más se supone que debemos discriminar. Por supuesto, se nos pone a prueba. Si te dicen algo, te brindan consejo, conoces a una persona, te ofrecen un empleo, comprueba en tu interior si eso te parece correcto o no.

Hace muchos años, cuando mis hijos eran adolescentes, les llevé a pasar unas cortas vacaciones. Visitamos un mercado donde un vendedor muy espabilado estaba vendiendo unos termos especiales. Mi hija Lauren decidió que yo necesitaba uno. Su razonamiento es que eran muy baratos y que siempre lo lamentaría si no aprovechaba la oportunidad. A pesar de mis recelos, compré uno. Cuando lo probé en casa goteaba como un colador. Lauren se moría de risa y dijo: «¿Qué te puedes esperar cuando compras cosas baratas en el mercadillo?» Nos reímos mucho, pero ahora me doy cuenta de la maravillosa lección de discernimiento que me ofrecieron. Permití que una quinceañera me persuadiera, contra lo que yo realmente sentía, y tuve que asumir las consecuencias.

Leí en el periódico sobre un hombre que había estafado dinero a muchos de sus clientes. Una vez descubierto el caso, hubo un consenso general de que había algo raro en él y que nunca habían confiando del todo en él. No escucharon la voz de su intuición. No supieron discernir. A veces las consecuencias de no saber discriminar pueden ser muy graves.

Hace algún tiempo recibí una carta muy triste de una mujer que había asistido a uno de mis talleres sobre ángeles. En todos ellos pedimos protección espiritual y conectamos solamente con los seres más puros y más elevados. Les recuerdo a los participantes que los ángeles de luz transmiten una sensación de calidez, de serenidad y de amor.

En su carta me decía que toda su vida había estado asustada y se había sentido desgraciada. En el taller conectó con su ángel de la guarda y aprendió a comunicarse con él. Se sintió invadida por una sensación de paz, serenidad y felicidad. La vida cobró un nuevo significado para ella a medida que percibía a su hermoso ángel a su lado, dándole amor y protección. Tres meses más tarde leyó en un libro que era peligroso conectar con los ángeles, porque se podría tratar de ángeles oscuros. Toda su paz, felicidad y serenidad se desmoronó y una sensación de desolación y temor la envolvió. Me escribía para preguntarme qué podía hacer, ya que ahora tenía demasiado miedo para volver a contactar con su ángel custodio.

Cuando trabajamos con fuerzas invisibles debemos utilizar siempre el discernimiento. Si algunas impresiones no te parecen adecuadas para ti, ignóralas y cierra el tema. Si sientes que estás conectando con una presencia elevada y amorosa, disfrútalo y sigue con ello. Todo lo que yo pude hacer fue recordarle a esa mujer que los sentimientos de paz, felicidad, serenidad, propósito e inspiración indican que estamos conectando con ángeles de luz. Espero que con el uso de una protección, la plegaria y el discernimiento se podrá abrir de nuevo a la presencia de su ángel.

Las almas jóvenes son como viajeros que exploran todos los caminos y senderos. Necesitan adquirir la experiencia de las diversas rutas, ya sean éstas secas, fangosas, anchas, estrechas, luminosas u oscuras. Viajan con cualquiera que se encuentran. Las almas más viejas y sabias se supone que saben escoger la ruta apropiada para su propósito y utilizar el discernimiento en su elección de compañeros.

En un nivel profundo lo sabemos todo. Nuestros sentimientos más viscerales nos están informando de si alguien está siendo sincero o no. Muchas veces no los tenemos en cuenta porque nuestra mente lógica argumenta en contra, o porque decidimos no creer lo que nos dicen. Vetamos nuestra propia intuición. Si no discernimos bien, tendremos que cargar con el karma resultante. Además, nos vendrá otra prueba igual, disfrazada de otra cosa.

Discriminar contra alguien por motivos de sexo, color, religión o tamaño no es espiritual. Muchas personas creen que el discriminar, sea por el motivo que sea, es prejuzgar, criticar, y por tanto algo negativo. Creen que tienen que aceptar a cualquiera que se presente en sus vidas o en sus trabajos. Esto es falso. Nos piden que utilicemos nuestra capacidad de discernir. ¿Te resulta cómoda la energía de esa persona como amiga o terapeuta? ¿Realmente sientes que tu socio comercial apoyará tus ideas? ¿Te sientes bien por el hecho de tener una cita con esa persona? Tienes derecho a decidir quién quieres que esté en tu vida. Decir que no no es prejuzgar. Es saber discernir.

Si todos tus amigos quieren ir a ver una película violenta, es hora de discernir no sólo si quieres ir con ellos a verla, sino si como amigos sois realmente afines. ¿Estás dispuesto a ser diferente y a defender lo que tú sientes que es bueno para ti?

A una hormiga, un trozo de papel sobre una mesa le puede parecer un desierto. Para un ser humano puede ser un documento importante. Para un astronauta, que ve las cosas desde esa perspectiva del espacio, es algo insignificante. Todos tienen razón desde su punto de vista. Todo los escritores y los profesores experimentan una perspectiva espiritual diferente. Sólo se pueden comunicar desde el nivel que hayan alcanzado. Puede que todos ellos tengan razón, desde su propio ángulo de observación.

No obstante, las fuerzas oscuras están utilizando ahora canales impuros para sacar a la luz información ligeramente contaminada. Una pequeña distorsión de la verdad aquí y allá puede causar confusión, y ése es su objetivo.

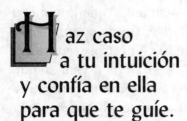

Haz caso a tu intuición y confía en ella para que te guíe.

Un hombre vino a hablar conmigo después de un taller. Había asistido a muchos talleres espirituales y leído docenas de libros. Estaba enfurecido por las diferentes cosas que había escuchado. «Todo el mundo no puede tener razón», me dijo. «Así que, ¿qué es lo que debo creer?». Su prueba es utilizar el discernimiento. Le sugerí que se sentara tranquilamente y escuchara su voz interior, y después aceptara las cosas que le resonaran interiormente.

No lo tires *todo* porque *algunas* cosas no te acaben de parecer correctas.

Nadie puede saber toda la verdad mientras se encuentre en un cuerpo físico. Sólo el Creador lo sabe, pero permanece abierto y deja que tu intuición te guíe.

22

La Ley de la Afirmación

Las afirmaciones son pensamientos o palabras que se repiten constantemente hasta que penetran en la mente consciente y se convierten en parte de tu programa. Reafirman tus pensamientos y palabras y tienen un efecto increíblemente potente sobre ti. La mayoría de nosotros realizamos afirmaciones inconscientemente todo el tiempo. Repetimos pensamientos hasta que los anclamos en nuestra mente. Hacemos una y otra vez los mismos comentarios, hasta que se convierten en nuestra realidad.

Nuestras afirmaciones constantemente repetidas pueden ser positivas o negativas, sanas o insanas. Tu mente inconsciente es como un ordenador. Es impersonal. Acepta todo lo que le digas, sin discriminar. Así que tus afirmaciones penetran en los archivos de tu mente inconsciente y afectan profundamente tu manera de sentir y actuar.

Imagínate un clavo que hay que clavar en un trozo de madera. Empújalo con el pulgar y tardará mucho en dejar alguna huella. Un golpe suave con el martillo lo hará penetrar un poco. Cada martillazo sucesivo lo irá clavando más hondo. Los pensamientos empujan las creencias en tu mente. Las afirmaciones actúan como el martillo.

Si constantemente piensas «soy un fracaso», gradualmente creerás que eres un fracaso y actuarás en consecuencia. Estás realizando una afirmación nociva.

Conocí a un hombre que incesantemente se quejaba de que su espalda le jugaba una mala pasada cada vez que decidía jugar al golf. Estaba enfadado con su espalda y no paraba de darle vueltas al asunto. Cuando le sugerí que sus afirmaciones negativas no le estaban haciendo ningún bien, me miró frunciendo el ceño y dijo: «Tú no lo entiendes. Así es como son las cosas.» Entonces añadió, con voz alta y solemne: «Mi espalda siempre me falla cuando quiero jugar al golf». Reafirmó el camino hacia su dolorosa realidad.

Cuanta más energía y énfasis
ponemos en nuestras afirmaciones,
más profundamente penetran
en nuestro sistema de creencias.

Si constantemente repites que tus vacaciones son siempre una porquería, vas a conseguir que así sea por tres razones:

- Selectivamente recuerdas los malos momentos.
- Tienes comportamientos que te hacen sentir desgraciado.
- El Universo te entrega aquello en lo que crees, en este caso unas malas vacaciones.

El Universo literalmente se acomoda
para darte aquello en lo que crees.

La Ley de la Afirmación dice que tú vas a manifestar aquello que afirmas. Afirma que eres aquello que quieres ser. Te convertirás en ello antes de lo que te imaginas.

Afirma que tienes aquello que quieres tener y lo magnetizarás hacia ti.

Para hacer afirmaciones,
pronuncia las palabras con energía
e intencionalidad.

Esto hará que se queden clavadas en tu mente de forma más firme.

Asegúrate de que tus afirmaciones
sólo contienen palabras positivas.

La mente inconsciente no computa las expresiones negativas, simplemente las ignora. Por ejemplo: «No quiero vivir en esta casa», afirmado constantemente, penetra en la mente inconsciente sin el «no», como «quiero vivir en esta casa.» Una afirmación adecuada sería: «Estoy preparado para cambiar de casa.» Resulta incluso más eficaz describir en detalle la casa a la que deseas mudarte y afirmar: «Me siento feliz y realizado en mi nueva casa».

Hablé con una mujer que había pasado por una época difícil en su vida. Provenía de un entorno donde se valoraba la impasibilidad y no quería mostrar sus sentimientos. Me dijo que se había estado repitiendo: «Me niego a sentirme desgraciada.» Por supuesto la frase penetró en su mente inconsciente como un mensaje constante de «desgraciada, desgraciada, desgraciada». Estaba intentando combatir la infelicidad al mismo tiempo que la reafirmaba.

«No voy a perder» se inscribe en el ordenador de la mente como «perder, perder, perder» porque el «no» se ignora. Utilice sólo el caso afirmativo: «Soy un vencedor».

 Las afirmaciones deben hacerse en presente.

Un ordenador no tiene concepto de pasado ni de futuro. Si afirmas que vas a estar sano mañana, ese mañana nunca llegará. Afirma «estoy sano ahora». Te conviertes en aquello que afirmas. La manera más rápida de tener un hermoso jardín es afirmar que el jardín es hermoso ahora. Te ayuda a mantener la imagen y a manifestarla.

 Las afirmaciones más eficaces son las más sencillas.

Las afirmaciones complicadas resultan tan confusas que alertan a la mente consciente para que intente descifrarlas. He visto afirmaciones tan poco útiles como ésta: «Ya no tengo miedo de tener una relación porque quiero a mi padre y le perdono todo lo que me hizo cuando era niña, así que me merezco tener una buena pareja ahora, que me quiera y le interesen las mismas cosas que a mí». Es mejor hacer dos afirmaciones sencillas: «Quiero a mi padre. Me merezco una buena relación». Cuando estas dos afirmaciones se han enraizado, afirma: «Ahora tengo una relación feliz». Entonces visualiza constantemente que tienes una relación feliz y actúa como si estuvieras satisfecha y te sintieras digna de merecerla.

*Las afirmaciones que riman
o tienen cierto ritmo
se acomodan fácilmente
en tu mente inconsciente.*

Un hombre que había estado indispuesto durante cierto tiempo empezó a afirmar: «Estoy sano y feliz todo el día». Dijo que se sentía como si caminara más erguido y que respiraba más profundamente. No sólo se sintió más saludable sino también más confiado. Las afirmaciones tienen un efecto de onda expansiva que mejora otras facetas de tu vida.

Si estás teniendo un día difícil, canturrea estas palabras en voz baja: «Me siento feliz y despierto. Todo va bien». Observa cómo cambia el día.

En mi libro *A Time for Transformation* (*Tiempo de transformación*) dedico un capítulo entero a las afirmaciones. Una de mis favoritas es: «Calmada y centrada, tranquila y serena. Me quiero y siempre me querré». A mí me tranquiliza y me recuerda que me debo un respeto.

Puedes abrir tu mente para recibir afirmaciones más fácilmente si estás en trance. Por ejemplo, si estás soñando despierto tu inconsciente está abierto para recibir informaciones. Si tu mente consciente está totalmente ocupada, como cuando estás viendo televisión o concentrado en el trabajo, la entrada a tu mente inconsciente resulta más fácil. Si estás profundamente relajado o dando una cabezada, o incluso en un duermevela, las afirmaciones penetran fácilmente. Puedes utilizar estos estados de trance naturales para reforzar y acelerar la absorción de afirmaciones. Otra forma es escuchar cintas con afirmaciones o grabar una con las que tú necesites.

Es fácil durante un trance natural recoger las afirmaciones que otras personas han hecho por ti. Imagínate la siguiente situación: un niño está soñando despierto o muy concentrado observando a una oruga pasearse por una hoja. Su madre le dice, con voz enfadada: «Date prisa. ¡Qué lento eres!». Si se lo dice con frecuencia o con suficiente vehemencia, eso puede penetrar fácilmente en la mente del chico y llegar a convencerse de que es un niño lento. Ha permitido que otra persona programe su inconsciente.

Generamos nuestros propios problemas sin darnos cuenta de que lo hacemos. Si tu pareja está en su estudio enfrascada en su trabajo y le gritas desde la escalera: «No te olvides de la cena de esta noche», su mente inconsciente habrá ignorado el «no». Lo que habrá registrado es: «olvida la cena de esta noche». Piensas que todo está bien, porque probablemente habrá replicado: «Vale». Sin embargo, fue su mente inconsciente la que respondió de forma automática. A un nivel consciente puede que tus palabras no hayan quedado registradas. No siempre advertimos cuando alguien está abstraído o se halla en un trance natural, así que acostúmbrate a utilizar comentarios positivos como por ejemplo: «Recuerda la cena de esta noche».

Un buen hipnoterapeuta utilizará una variedad de técnicas, incluyendo simples relajaciones y visualizaciones, para inducir el trance en un cliente. Uno de los objetivos es permitir que las afirmaciones positivas penetren y arraiguen profundamente en la mente inconsciente del cliente mientras él está consciente y cooperando con las sugestiones. Ésta puede ser una manera potente de utilizar las afirmaciones, que puede llegar a cambiar tu vida.

Las afirmaciones tienen que ser repetidas constantemente.

Cuando escoges una afirmación, repítela siempre que tengas un momento libre, conduciendo el coche, caminando, en el baño, mientras nadas. Llena tu mente de frases positivas y pronto apreciarás la diferencia en tu vida.

Haz afirmaciones positivas para los demás siempre que puedas. Al repetirle a tu hija pequeña que es capaz de algo, harás que así sea.

Afirma a tus hijos, tu familia y tus amigos, que son inteligentes y que les quieres mucho. Recuérdales constantemente sus puntos fuertes y estarás elevando las vibraciones y la confianza de aquellos que te rodean.

Éstos son algunos ejemplos de afirmaciones:

- Estoy sano y soy feliz.
- Todo el mundo me quiere.
- Tengo un empleo satisfactorio y bien pagado como director de departamento.
- Soy un maestro ascendido con mucha luz y amor.
- Soy un ser ascendido con una paciencia y sabiduría infinitas.
- Mi vida está llena de gozo y alegría.

Recuerda afirmar lo que quieres ser como si ya lo hubieras conseguido. Éste es un camino rápido para llegar a donde quieres llegar. Entonces actúa como si eso ya se hubiera convertido en tu realidad.

Afirma constantemente que eres lo que quieres ser y pronto te convertirás en ello.

23

La Ley de la Plegaria

Rezar es comunicarse con Dios. Tanto si nos damos cuenta como si no, Dios está al otro lado de la línea telefónica, escuchándonos todo el tiempo. Cada palabra y cada pensamiento que emitimos es una plegaria.

La preocupación es una plegaria negativa. Es decirle a Dios lo asustado que estás. También refuerza todas las cosas que no quieres que pasen. Edgar Cayce dijo: «¿Por qué preocuparte cuando puedes rezar?» queriendo decir que debemos dirigir nuestros pensamientos hacia la Fuente de una manera positiva y centrada.

La manera como rezas es importante. Imagínate que eres un rey muy rico, poderoso y omnisciente. Además, la prioridad de tu corazón es el bienestar de tu gente. Todos los días se forma una larga fila de suplicantes que quieren hablar contigo.

Está el mendigo, que gime y se arrastra por el suelo, humillándose desesperadamente para conseguir unas monedas. Es la eterna víctima y tú sabes que si le concedes su deseo, gastará ese dinero de forma imprudente y mañana estará de nuevo pidiendo limosna.

El negociador dice: «Si tú me concedes esto, yo trabajaré para ti». Como rey omnisciente, puedes leer en su corazón, así que no te engaña.

Entonces llegan los manipuladores, agitando los puños: «Me enfadaré contigo si no me das un empleo». «Si no me ayudas me suicidaré». «Si no me das un respiro renunciaré del todo, o sea que más te vale». Desde la posición desapegada de tu trono, ¿crees que vas a conceder esas solicitudes?

El siguiente peticionario es un pícaro. Se está echando un farol, con una actitud de «vamos a ver lo que consigo». Cree que vale la pena cursar una petición, pero no tiene intención alguna de cambiar de vida. Lo siento, chico.

Detrás de él viene una mujer triste, con el rostro desmadejado. «No me merezco nada. Soy una miserable pecadora, pero por favor, concédemelo de todos modos». Sabes que sus niveles de autoestima y amor propio, penosamente bajos, se encargarán de que pronto pierda aquello que tú le des.

A continuación aparece una persona ambiciosa: «Quiero más, más, más».

Por fin llega una persona que te mira a los ojos y dice: «Esto es lo que quiero conseguir. Estos son los planes que ya he puesto en marcha. Esto es lo que necesito de ti». Te bajas del trono, te conviertes en su asociado y le apoyas totalmente.

También está la persona que reza desde el corazón. Sus plegarias conmueven el tuyo. Respondes a esas plegarias.

Otro reza con pureza de intención. Le concedes lo que pide.

Así que Dios responde a todas las plegarias. A veces, afortunadamente para nosotros, dice: «No». Por suerte no conseguimos todo aquello que pedimos.

El Creador también responde a las plegarias de una forma más bien práctica en lugar de con milagros. Existe una historia bien conocida sobre un hombre devoto que estaba convencido de que Dios siempre le salvaría y le protegería. Un invierno hubo unas terribles tempestades en la zona donde vivía. La lluvia no dejaba de caer torrencialmente. Cuando la planta baja de su casa se inundó subió al piso superior. Pasó una barca y el equipo de rescate le dijo que subiera a bordo, pero él contestó: «No, Dios me salvará». La inundación fue subiendo de nivel y él se subió al tejado. Pasó un helicóptero que le bajó una cuerda, pero él se negó a aceptarla. «No, no la necesito. Dios me rescatará». Se ahogó y se encontró con san Pedro en las puertas del paraíso. El hombre le dijo altivamente a san Pedro: «¿Por qué no me salvó Dios?» y san Pedro contestó: «Te envió una barca y un helicóptero. ¿Qué más querías?». Así que pon atención a las cosas más evidentes y prácticas de tu vida, que serán la respuesta a tus plegarias.

La Ley de la Plegaria dice: pide con fe y se te concederá. La fe es un ingrediente dinámico para hacer que tus plegarias se manifiesten.

En el momento en que has ofrecido tu plegaria, empieza a darle las gracias a Dios por ello. Entonces prepárate para recibir lo que has pedido. Así que si has pedido diez árboles frutales al almacén de los cielos, da las gracias y empieza a cavar la tierra, prepara los agujeros, compra los fertilizantes necesarios y prepárate para recibir los árboles que llegarán. Tu fe hará que todo se ponga en movimiento.

Muchas personas rezan sin esperar realmente que sus plegarias sean atendidas, así que no emprenden acción alguna. De lo que no se dan cuenta es de que la fe activa una respuesta por parte del Universo.

Almorcé con una amiga cuyo marido acababa de sufrir un ataque al corazón. Cuando estuvo recuperado, le dijo que siempre había querido visitar Australia y que realmente lamentaba no haber estado nunca. No tenían suficiente dinero, así que rezaron y le dieron las gracias a Dios por el dinero para que él pudiera viajar a Australia, sabiendo que Dios quería que consiguiera lo que su corazón deseaba. Llamó a la agencia de viajes y compró un billete que tenía que abonar en unos pocos días. Al día siguiente una tarjeta de crédito, que no habían solicitado, se deslizó debajo de la puerta y la utilizaron para comprar el billete, sabiendo que disponían de un año entero para poder satisfacer el importe. Ella se rió y dijo: «¡La próxima vez voy a pedir que el dinero llegue de una manera que no tenga que reembolsarlo!».

Cuando pides que una o más personas recen contigo y te ayuden a realizar la visualización, esa plegaria adquiere más fuerza. Un cliente me pidió que rezara por su hijo, que estaba sufriendo de fracaso escolar y que además era muy conflictivo. Al cabo de seis meses me escribió para agradecerme mis plegarias. Me decía que su hijo había dado un cambio espectacular y que su profesor le había comentado que era un placer tenerlo en su clase. Mi cliente también rezaba diariamente por su hijo, mientras que yo hice de ancla para afianzar su fe. Eso es una combinación muy potente.

El amor quiere que tú consigas lo que tu corazón anhela. El amor no quiere que aquellos que ama sufran. Dios es amor. El bloqueo para la recepción está en ti.

Muchas personas rezan por algo pero no están preparadas para recibir lo que piden. Conozco a alguien que pidió un coche. Al poco tiempo una tía ya anciana le ofreció su coche y él se sintió horrorizado. «No puedo aceptar el coche», le dijo. Fue sólo más adelante que se dio cuenta de que Dios estaba respondiendo a su solicitud a través de su tía.

Las personas a veces me dicen que han estado rezando por algo durante años, pero que no ocurre nada. Si se trata de una plegaria para la colectividad, como por ejemplo la paz mundial o la recuperación de la capa de ozono, tus plegarias entran a formar parte de una corriente continua que se dirige hacia Dios, y puedes seguir con ellas.

No obstante, si pides algo personal, hay un momento en que tienes que detenerte. Imagínate a una niña que le pide a su padre que le arregle la muñeca. Cada día acude a él con la muñeca y le pide que le eche un vistazo, pero no la suelta. Ella no la deja ir para que el padre la pueda examinar y arreglar. Está claro que él no puede hacer nada hasta que la niña no esté preparada para soltar la muñeca.

Di tu plegaria durante un mes o hasta que te sientas cómodo, y después párate un tiempo. Puede que después cambies un poco los términos de tu plegaria. Esto es un indicativo de que las cosas han avanzado para ti.

Pedir que le pase algo malo a alguien o pedir la victoria contra quien sea es burlarse de las plegarias. La energía negativa a la larga tiene un efecto bumerán y regresa al que la ha emitido.

Cuando ofreces una plegaria, mantén la visión de perfección. Si pides la paz, visualiza y siente que la paz se manifiesta. Si ruegas por la sanación de alguien, imagínate a esa persona fuerte y feliz. Reza siempre para que ocurra lo mejor, lo más elevado. La perspectiva divina es más amplia que la tuya.

Las plegarias largas y complicadas o las que se repiten como un loro no son auténticas plegarias. Muchas veces son sólo palabras para impresionar a otros. La plegaria es sencilla, sincera, auténtica y expresada desde el corazón.

Reza desde un espacio central, de serenidad. Suelo recibir cartas angustiadas que me cuentan lo desesperadamente que están pidiendo ayuda. A los ángeles les resulta muy difícil atravesar un aura perturbada para aportar su ayuda. Así que relájate. Intenta que tu aura sea dorada. Si pides con serenidad, los milagros tienen tendencia a ocurrir.

Ésta es la manera como se puede activar la Ley de la Plegaria:

- Primero pide.
- Después desapégate del resultado.
- Dale las gracias a Dios por la respuesta.
- Mantén tu fe.
- Prepárate para que se te conceda lo solicitado.

✳

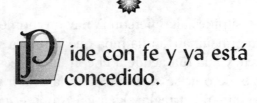 ide con fe y ya está concedido.

✳

A continuación te doy un poema anónimo bastante conocido, que resume la eficacia de una plegaria:

> Me levanté temprano una mañana
> y me apresuré hacia el día;
> tenía tantas cosas que hacer
> que no me quedó tiempo para rezar.
> Los problemas se amontonaron a mi alrededor,
> y cada tarea se volvió más y más pesada.
> «¿Por qué no me contesta Dios?» me pregunté.
> Y Él contesto: «Si no lo pediste».
> Quería ver alegría y belleza,
> pero el día avanzaba pesadamente, gris y desolado,
> me pregunté por qué Dios no me las mostraba,
> y Él me dijo: «Si no las buscaste».
> Intenté llegar hasta la presencia de Dios;
> probé todas mis llaves en la cerradura.
> Dios me reprendió con cariño:
> «Hijo mío, si no llamaste».
> Me desperté temprano esta mañana

y me detuve antes de entrar en el día,
tenía tantas cosas que hacer,
que me tomé mi tiempo para rezar.

 Cuando rezas estás avanzando hacia Dios, y Dios está avanzando el doble de rápido hacia ti.

24

La Ley de la Meditación

MEDITAR es escuchar la voz de Dios. Para ello es necesario que te alejes del bullicio de la vida, para poder oír la voz callada y serena de lo divino.

¿Has tenido alguna conversación telefónica con una de esas personas que constantemente te habla, sin escuchar tus respuestas? Cada vez que pruebas a intervenir, la otra persona te ignora y sigue parloteando. Cuando estoy intentando comunicarme con una persona así, desconecto en cuanto puedo. Como es arriba, así es abajo. El Universo metafóricamente cuelga el aparato si no escuchas sus respuestas.

Si rezas constantemente, sin detenerte para escuchar la respuesta, no la obtendrás, porque tu parloteo mental no dejará que Dios pueda hablar. La mayoría de nosotros poseemos lo que se llama una mente de mono, o lo que es lo mismo, una verborrea constante. El objetivo y la intención de la meditación es aquietar el charloteo el tiempo suficiente para que la Fuente deje caer Sus semillas de orientación y sabiduría. Durante esos momentos silenciosos estamos abiertos a la inspiración y para recibir respuesta a nuestras preguntas. A veces la respuesta divina es inmediata. Lo más normal es experimentar una sensación de calma y tranquilidad mientras las semillas se están plantando. Con el tiempo germinan y crecen y más adelante se vuelven claramente visibles.

El otro día estaba hablando con una amiga sobre el poder de la meditación. Me contó que una amiga suya había tomado parte hacía poco en una meditación salmodiada que duró toda la noche. Esta amiga acababa de comprar y decorar un apartamento de un solo dormitorio. Mientras conducía de vuelta a su casa se sintió ligera y con la mente despejada. De repente tuvo una revelación de que tenía que empezar a dar clases y que encontraría una casa con el espacio suficiente para hacerlo. Se desvió de su ruta habitual y eso hizo que pasara ante una vieja casa que tenía el letrero de «se vende» en el jardín. Supo que ésa iba a ser su casa. Cuando fue a verla, resultó que tenía una sala de doce metros cuadrados. Debido al esfuerzo que había invertido en su pequeño apartamento, sacó beneficio de su venta y con ese dinero pagó el depósito para la casa. En pocas semanas ya estaba instalada en su nuevo hogar y había empezado con las clases. Ella sabía que la noche de meditación había permitido que la Divinidad dejara caer ese pensamiento seminal para una vida nueva y totalmente inesperada para ella.

«Busca en tu interior y el reino de los cielos será tuyo». Durante la meditación se nos brinda la oportunidad de explorar los recursos que tenemos disponibles. Es aquí donde encontramos nuestro auténtico yo. Vivimos en el cielo o en el infierno, según nuestro mundo interior. La meditación permite que nuestra semilla divina crezca, para que así podamos liberarnos del infierno y crear el paraíso.

Existen muchas personas que no soportan meditar de manera formal. Sus momentos tranquilos y reservados vienen cuando están cuidando el jardín o caminando por la naturaleza. Los momentos creativos, como cuando estás pintando, tocando música o trabajando el barro, acallan la verborrea mental y abren el hemisferio cerebral derecho para que reciba la inspiración divina. Cualquier cosa que sirva para dejar la mente en blanco por unos momentos te permite deslizarte por la brecha hacia la energía divina. Éste es el propósito de la meditación.

Existen muchas maneras formales de meditar. Todas utilizan la misma preparación básica:

- Encuentra un momento en que puedas estar tranquilo y sin interrupciones.
- Ponte ropa cómoda.
- Siéntate con las piernas cruzadas o en una silla.
- Mantén la espalda recta.
- Relájate.

Éstos son algunos de los tipos más populares de meditación:

1) Observa fijamente una vela hasta que sientas los párpados pesados.
   Después de cerrarlos sigue visualizando la llama de la vela en tu mente.
   Concéntrate fijamente en ella.
   Cuando la mente se haya aquietado, suelta la imagen.

2) Concéntrate en tu respiración cuando el aire entra y sale de la nariz.
   Mientras inspiras cuenta de 1 a 5.
   Mientras expiras cuenta de 1 a 5.
   Cuando la mente se haya aquietado, deja de contar.

3) Repite en silencio un mantra o los nombres divinos, o canturrea un mantra en voz alta.
   Los mantras y los nombres de dioses son palabras sagradas que invocan atributos divinos.
   Muchas personas prefieren utilizar su propio mantra personal, que les ha sido dado por un maestro espiritual en quien confían.
   Cuando la mente se haya aquietado, detente.

Algunos mantras que tienen mucho poder son:
> *Om nama shivaya.*
> *Om mani padme hum.*
> *Jesucristo.*
> *Om Sai Ram* (para los seguidores de Sai Baba).
> *Kodoish, kodoish, kodoish, Adonai T'sbayoth.*

Como es el caso de toda práctica espiritual, el hábito de meditar regularmente a cierta hora y lugar todos los días resulta de gran ayuda. Si eres capaz de crear un altar donde poder colocar una vela, cristales, fotografías de santos y maestros y objetos que sean sagrados para ti, eso realmente incrementa las vibraciones. También sirve de ayuda quemar incienso. Antes de empezar puede que quieras escuchar un poco de música espiritual y ofrecer una plegaria. Invoca a los grandes seres de luz para que estén contigo durante la meditación.

Cuando estaba en la India en el *ashram* de Amma, la del abrazo maternal, escuché una maravillosa historia que aporta una nueva perspectiva a la meditación. Uno de sus *swamis* estaba dando una charla. Un *swami* es aquel que ha hecho votos de pobreza, castidad y obediencia y está al servicio de su maestro. Este *swami* en particular era terriblemente guapo, con chispeantes ojos pardos, una voz muy melodiosa y una risa contagiosa. Una de sus tareas era dirigir la meditación nocturna del templo. Con su voz profunda recitaba tres cantos de *Ma Ohm*. Lo hacía con gran reverencia y se podía escuchar volar una mosca entre los miles de devotos. Estaba claro que hacía algo que le encantaba.

Él nos contó la siguiente anécdota: un día, cuando el templo se encontraba abarrotado, como siempre esperó a que se hiciera el silencio absoluto antes de empezar. Todos entonaron el hermoso *Ma Ohm*. El sonido se iba apagando en el silencio cuando un niño pequeño cantó, con voz alta y aguda «*Ohhhhm*». Todo el mundo reprimió la risa y él se puso furioso.

Recobró la compostura y entonó el segundo *Ma Ohm*. De nuevo el niño rompió el silencio con otro «*Ohhhhm*» y toda la gente del templo se puso a reír. Él estaba realmente rabioso. Ese niño estaba estropeando su maravillosa meditación.

No podía hacer otra cosa que entonar el tercer *Ma Ohm* con tanta compostura como le fuera posible. Al final, el incontrolable niño se rió en voz alta y todo el mundo empezó a morirse de risa.

Él estaba tan enfadado con ese horrible chiquillo que había arruinado su meditación, que se dispuso a decirle a Amma que en su opinión debería prohibirse la entrada a los niños al templo durante la meditación.

En cuanto le fue posible la fue a ver.

—Amma, con respecto a ese niño... —exclamó airado.

—Sí —dijo ella con dulzura—, ¿no te pareció encantador?

—¡Encantador! ¿Qué quieres decir con encantador? —exclamó él—. Ese niño estropeó mi meditación.

Amma le miró con ternura.

—Creo que estás equivocado —le dijo—. La meditación no tiene nada que ver con ponerse serio y solemne. Trata sobre la dicha, y ese niño aportó la dicha pura de su inocencia.

La meditación es la puerta a la dicha.

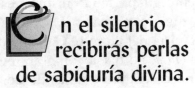

n el silencio recibirás perlas de sabiduría divina.

25

La Ley del Desafío

*La Ley espiritual del Desafío
dice que si desafías a una entidad
incorpórea tres veces en el nombre
de Dios, ésta debe revelar su verdadera
identidad o desaparecer.*

Si deseas despertarte a una hora determinada pones el despertador en hora antes de acostarte. Algunas personas se despiertan de forma natural a esa hora. Otras tiene que venir alguien a despertarles para que se levanten. Incluso otras se dan la vuelta y se vuelven a quedar dormidas.

Estás en la Tierra con una misión espiritual. No serías feliz si te perdieras la oportunidad de participar en esa misión porque estabas durmiendo.

Puede ser que te hagas consciente de tu destino espiritual de una manera fácil y gradual. Pero no es éste el caso para muchas personas. Antes de aterrizar en esta vida con un cuerpo físico, tu alma había puesto el despertador en marcha por si acaso no te despertabas a tiempo para realizar el trabajo que viniste a hacer. Si todavía estabas dormido, puede que cuando sonara fuera como una conmoción que llegó al fondo de tu ser.

La razón por la cual las llamadas al despertar pueden ser tan dolorosas es porque algunas personas precisan una situación traumática para despertar a una conciencia espiritual plena. En estos momentos están sonando los despertadores de muchísimas personas en toda la Tierra, alertándoles del mundo que existe más allá de la dimensión física.

Los cursos de desarrollo personal y de autoconcienciación despiertan suavemente a las personas. Cuando el yo espiritual se ilumina suele haber un despertar de las facultades psíquicas. En muchas personas el *chakra* del tercer ojo está desplegando sus pétalos, revelando una clarividencia o una intuición muy profunda.

En este plano de dualidad existe la luz y la oscuridad. Por cada cosa que se encuentra en la luz existe una contrapartida en la oscuridad.

Si estás dormido en una habitación oscura no te percatas de las mariposas nocturnas ni ellas de ti. Cuando enciendes la luz, volarán hacia ella. Cuando una persona enciende su yo espiritual, su luz se vuelve más intensa y puede ser vista. Entonces los seres oscuros, aquellos cuyas intenciones no son precisamente puras, se ven atraídos hacia el alma que irradia luz. Al igual que las mariposas son atraídas hacia la luz, las entidades oscuras se sienten atraídas por tu luz espiritual.

Cuando la luz es realmente brillante y la mariposa negra, está claro de qué se trata. Pero si la luz es débil, por cualquier motivo, y la mariposa tiene un tono pálido, no siempre es tan fácil de discernir. Tu tarea consiste en discernir entre el bien y el mal, presentar un desafío en caso de duda, y hacer que tu luz sea más fuerte para que la oscuridad no te afecte. Simplemente la desenmascaras. Normalmente tu capacidad de discriminación te dirá si una «voz» o entidad es buena o mala. Si tienes dudas, desafíala.

Como es arriba, así es abajo. Si se te acerca un extraño y te pide dinero, probablemente le mirarías a los ojos y le preguntarías directamente las cosas que precisas saber. Los ojos son la ventana del alma. Los mirarías y recibirías una impresión de si esa persona estaba siendo sincera y auténtica. Con eso podrías tener suficiente.

No obstante, si te quedaras con la duda, deberías hacer más comprobaciones.

Si te dijera que está relacionado con un señor muy influyente, no estaría de más que te pusieras en alerta. Por el contrario, si conocieras bien a ese alguien y confiaras en él, aceptarías su palabra.

El auténtico inspector del gas o policía está satisfecho cuando le pides una prueba de su identidad antes de dejarle pasar a tu casa.

Eso evita el fraude y salvaguarda la reputación de esos profesionales. Sólo al fraudulento le molesta que le desafíes. De modo similar, los seres elevados que se acercan a ti y quieren trabajar contigo están contentos si les desafías. Eso quiere decir que estás siendo cuidadoso y practicando el discernimiento. Les estás demostrando que eres responsable.

Si un ser se te acerca en sueños, durante una meditación o una aparición psíquica y te pide que hagas algo, hazle caso a tu intuición. Entonces, si tienes cualquier tipo de duda, pídele que te diga cuál es su propósito para acercarse a ti. Si te da un mensaje que te confunde, ve con cuidado. Si llevas ya un tiempo trabajando con tus ángeles y guías y sabes reconocer su energía y confías en ellos, no hace falta que lances el desafío. Se trata de amigos.

Podrías hacerlo de esta manera: «En nombre de Dios y de todo lo que es luz, ¿quién eres y cuál es tu intención para acercarte a mí?». Tienes que repetirlo tres veces y recibirás una respuesta, posiblemente en forma de un intenso pensamiento directamente en tu cabeza, una impresión o una sensación.

Si el ser se ha presentado con un nombre, tu desafío podría ser: «En nombre de Cristo, ¿eres un ser de la luz más pura y elevada?». No es suficiente desafiarle con palabras como «¿eres de la luz?» porque esto puede significar cualquier cosa. Un niño jugando con una linterna es una luz, pero yo no lo quisiera tener como guía. Puede que tu tío alcohólico ya fallecido esté intentando ponerse en contacto contigo, pero si no confiaste en él en vida no hay motivo alguno por el cual tengas que confiar en él simplemente porque habita en el mundo de los espíritus.

Existen muchos niveles de luz, desde los espíritus burlones hasta los grandes y maravillosos maestros.

La Ley espiritual del Desafío existe para tu protección.

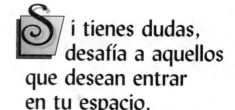

i tienes dudas, desafía a aquellos que desean entrar en tu espacio.

LAS LEYES DE

LA FRECUENCIA SUPERIOR

26

La Ley de Frecuencia o Vibración

EL miedo tiene una vibración pesada (baja frecuencia). La de la serenidad, la paz y el amor es ligera (alta frecuencia). El humor disuelve situaciones difíciles y eleva la energía. El amor sana la densidad de la pesadumbre. Las vibraciones elevadas y ligeras disuelven y transmutan las bajas y pesadas. Mientras que el pánico se extiende como un fuego forestal si no se controla, la presencia de una persona serena apaga las llamas y calma los temores de todos.

Janey me vino a ver porque sentía auténtico pánico por tener que ir a visitar a su familia política. Se acercaban las navidades y temía que fueran una repetición de otros años difíciles. Me informó de que su suegro era un hombre gordo y pomposo, que su suegra era rellenita y quejosa, mientras que el hermano y hermana de su marido eran gente absolutamente aburrida. Le sugerí que para aligerar la vibración los imaginara como animales. Su rostro se iluminó inmediatamente y me dijo que su suegro era un pingüino, su suegra una vaca, su cuñado un caballo y su cuñada una oveja.

Llegó el día de Navidad y se sentó a la mesa engalanada junto con el pingüino, la vaca, el caballo y la oveja. Burbujas de hilaridad empezaron a cosquillear en su interior mientras observaba la relación entre los animales. En su imaginación vio al pingüino atiborrándose de pescado. Escuchó a la vaca mugirle a la oveja, que respondía con balidos. No pudo evitar reírse. Su risa resultó contagiosa y al poco tiempo todos se estaban riendo sin saber exactamente de qué. Fue la mejor Navidad que jamás había pasado. Después la familia dijo que había sido un auténtico placer verla tan feliz. Su levedad había cambiado la actitud general.

Los ángeles tienen un maravilloso sentido del humor y les encanta la vibración de la risa. Ellos se toman a sí mismos a la ligera y su presencia te hace sentir más ligero.

Mhairi Kent me contó la siguiente anécdota: hace muchos años, ella y su marido se acababan de mudar de casa. No se llevaban nada bien y su hijo pequeño era enfermizo y padecía de asma. Ella se encontraba al borde del agotamiento total y sentía que no podía seguir. Era una noche de noviembre, el frío era glacial y se fue al puente de Hammersmith, con la intención de saltar al agua. Eran las dos de la madrugada y no había ningún transeúnte. Pensó: «La marea es probablemente la adecuada». Deliberadamente había optado por ponerse su bonito abrigo de lana de camello porque era pesado. Agarrada a su bolso y a su caro abrigo, contempló el agua del río y se dispuso a saltar.

De repente se dio cuenta de la presencia de un mendigo, que se había acercado hasta ella y que le dijo: «Perdone, señorita. ¿Va usted a saltar? Si va a saltar, ¿le importaría darme el abrigo?». Entonces sus ojos fueron hasta el bolso y le dijo: «¿Qué lleva en el bolso? No va a necesitarlo, no es cierto?». De repente se puso a reír. Se estuvo riendo unos cuarenta segundos. Entonces miró y vio que el mendigo se había ido. Corrió a ambos extremos del puente, pero no había nadie. Había desaparecido.

Su sentido del humor había hecho acto de presencia y había quebrado la energía oscura que llevaba dentro. Se fue a su casa y empezó una nueva vida. Ella cree que se trató de un ángel que había tomado la forma de mendigo en ese momento de necesidad.

Las personas cínicas o críticas suelen arrojar dardos energéticos de baja frecuencia. Una amiga me dijo que su madre era una anciana muy crítica. Siempre que les llevaba a sus hijos de visita eran sometidos a algún ataque de su afilada lengua. De regreso a casa hacían un concurso para ver quién había recibido más dardos. Ella y los niños se reían histéricamente al discutir las cosas atroces que su anciana madre les había dicho. La risa era su modo de quitarse de encima los dardos.

El enfado y la cólera son energías de baja vibración. Detrás de ellas siempre está el miedo y un sentimiento de impotencia. Cuando permanecemos serenos y centrados emitimos una vibración elevada.

Nos sentimos fuertes. Cuando sostenemos esta energía podemos expresar nuestra verdad. Al expresar serenamente lo que sentimos disolvemos los sentimientos de enfado y cólera.

Existe un dicho que dice que una manzana podrida estropea todas las del cesto. Sin duda una mala persona puede corromper a otras que son débiles, pero no puede afectar a las personas fuertes.

No obstante, una persona fuerte,
con una intención firme,
puede influir positivamente
sobre personas malas.

Todo el mundo sabe que los animales responden a frecuencias que nosotros no podemos percibir. Un perro gruñirá si percibe tu temor. Un caballo sabe inmediatamente si estás asustado y responde a ello.

Los profesores saben que si ellos están nerviosos o tensos, los niños de su clase se comportarán mal. Si te sientes fuerte, confiado y lleno de amor, todas las criaturas y plantas responderán positivamente a la elevada frecuencia que emites.

Un día estaba hablando con una profesora novata que estaba muy disgustada porque los niños se habían portado muy mal ese día y se habían enfadado. Hablamos de ello y la ayudé a soltar sus miedos. Ella le pidió a su ángel que hablara con los ángeles de todos los niños de la clase. A la mañana siguiente, antes de ir a la escuela, le pidió a los ángeles que trabajaran a través de ella. No podía creerlo cuando entró en el aula. Allí había treinta y cuatro niños y niñas de ocho años, sonriéndole serenamente como si fueran pequeños angelitos. Fue la mejor clase que jamás impartió.

Los ángeles tienen una vibración de alta frecuencia. El simple hecho de pensar en ellos ya eleva tu consciencia.

Hacer algo porque sientes que tienes que hacerlo, que deberías hacerlo, transmite una vibración baja. La culpabilidad o la obligación no son buenas razones para hacer las cosas. Cuando cambias tu actitud o decides hacer lo que genuinamente quieres hacer, irradias energía de alta frecuencia.

*Cuanto antes hagamos sólo esas cosas
que nos aportan una sensación de alegría
y entusiasmo, más rápidamente elevaremos
nuestra frecuencia y la de las personas
que nos rodean.*

La falta de amor propio viene de las conversaciones de carácter negativo que mantienes contigo mismo. Es un tipo de imaginación oscura y, no hace falta decirlo, emite una vibración baja. Por otro lado, la autoestima y la confianza irradian luz de alta frecuencia.

Existe un cuento que narra la historia de un patito que se sentía feo y diferente a los demás. Creía que nadie quería estar con él. Así que el patito se aisló de sus compañeros porque se sentía muy solo. Se convenció a sí mismo de que era diferente y que su compañía no era nada grata. Entonces un día un enorme y hermoso pájaro blanco descendió volando majestuosamente sobre el lago en su dirección. Era un cisne, que le dijo sorprendido: «Qué estas haciendo aquí entre estos patos? Tú no eres un pato. Eres un cisne». Desde el momento en que el pequeño cisne supo quién era en realidad, se sintió transformado. Sostuvo la cabeza en alto. Se dio cuenta de que, como cisne, realmente era diferente, y se sintió orgulloso por ello. Sabía que cuando creciera se convertiría en un hermoso pájaro blanco. Desde ese momento actuó como un cisne. Irradiaba confianza y autoestima.

Recuerda quién eres realmente. Eres un ser asombroso. Eres un ser vivo hermoso, increíble y conmovedor. Cuando te das cuenta de ello y actúas como maestro de luz, irradias una vibración elevada.

Todo lo que tienes que hacer es darte cuenta de quién eres y aceptarlo.

Puedes utilizar tu imaginación para, cada vez que respiras, incorporar confianza, alegría o colores hermosos en tu aura. Puedes visualizar soluciones positivas a tus retos. Esto te llevará a convertirte en un ser de elevada frecuencia.

Cuando vivas tu vida con toda la hermosura, gracia, alegría y cualquiera de esas magníficas cualidades, automáticamente disolverás las emisiones de baja frecuencia de otras personas y las elevarás a un nivel superior. De acuerdo con la Ley del Karma, empezarán a volver a ti cosas maravillosas.

Las palabrotas producen una nube de pensamiento densa y oscura. También los pensamientos de violencia, dolor, abuso, envidia, culpabilidad y cualquier otra emoción negativa. Pueden ser transmutados por el perdón, la compasión y la alegría. Entonar el *om* y otros mantras y plegarias sagradas produce una energía de alta frecuencia. También el recitar los nombres de dioses, arcángeles y maestros. Los libros espirituales, la música clásica y los cuadros hermosos elevan las vibraciones de una habitación. Si existe un suficiente número de personas que envían luz a una zona de la ciudad donde ha habido oscuridad y violencia, la bondad y la paz tomarán el relevo.

La enfermedad o las dolencias crónicas poseen una vibración pesada que puede bloquear la corriente de la fuerza vital necesaria. La sanación tiene lugar cuando a esa persona se le transmite energía de elevada frecuencia. Ello transmuta la vibración pesada de la enfermedad y permite que aparezca la salud.

La riqueza material tiene una vibración. Si quieres ser rico, piensa en términos de riqueza.

El éxito tiene su propia frecuencia. Conoce y relaciónate con personas de éxito y tu vibración empezará a equipararse a la suya.

Si deseas aumentar tu luz espiritual relaciónate con personas espirituales para que tu vibración y la suya se empiece a fusionar.

Para poder atraer luz y amor hacia el planeta, crea columnas de luz blanca para que los ángeles y los seres superiores puedan entrar. Con el pensamiento crea puentes de luz para personas y lugares, para que la ayuda y la sanación puedan llegar hasta ellos.

Tu nombre tiene una vibración. Cuando es pronunciado tus lecciones de vida se movilizan. Antes de que nacieras enviaste telepáticamente a tus padres el nombre que deseabas tener. A muchos niños se les llama por un apodo o por una forma abreviada de su nombre. Eso es porque no son capaces de afrontar las lecciones que en ese momento llegan hasta ellos. Muchas veces cuando son mayores utilizan el nombre completo. Si cambias el nombre atraes lecciones nuevas. Si tu nombre es pronunciado con enfado, especialmente de pequeño, vas teniendo la impresión de que tus lecciones son difíciles. Cuando lo dicen con cariño, sabes que puedes afrontar todo aquello que se te presenta, de forma armoniosa.

Éstas son las lecciones que estás aprendiendo si tu nombre contiene las siguientes vocales:

a: **Purificación.** Se trata de liberar rabia y otras energías negativas que retienes. Deja ir lo viejo.

b: **Relaciones.** Estás aprendiendo a relacionarte con los demás de forma armoniosa y con honestidad.

c: **Conciencia.** Estás aprendiendo a ser consciente de quién eres y también de cómo es el mundo.

d: **Inocencia.** Estás aprendiendo a vivir en tu esencia. Ello significa vivir para el ahora y ser tú mismo. Expresa tu yo auténtico.

e: **Límites.** Estás aprendiendo a marcar tus límites, a saber qué emociones son las tuyas y cuáles pertenecen a los demás. No asumas responsabilidades que no son tuyas.

Pronuncia tu nombre y el de las demás personas con mucho amor y automáticamente sentirás y dispensarás amor.

✦

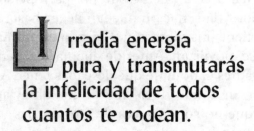

Irradia energía
pura y transmutarás
la infelicidad de todos
cuantos te rodean.

✦

27

La Ley de los Milagros

CUANDO sucede algo que normalmente no podemos explicar según las leyes físicas, tenemos que recurrir a las leyes espirituales.

En la Tierra vivimos en una vibración densa, sujeta a la Ley del Karma. Ocasionalmente ocurre algo que nos permite deslizarnos por la senda hacia la energía divina. La frecuencia divina disuelve y transmuta nuestra energía inferior y entonces ocurre un milagro. A medida que la consciencia mundial se eleva, más y más personas están teniendo acceso a la Divinidad. Por consiguiente, hay más personas a quienes suceden milagros.

El perdón genuino y el amor incondicional son energías divinas que permiten que los milagros tengan lugar.

Hace algunos años una mujer anciana me comentó que el único regalo que quería para Navidad era una llamada telefónica de su hijo. Hacía cinco años que no sabía de él y su marido había fallecido en ese período. Cuando hablaba de su hijo su voz sonaba amarga y dolida. No podía decir una sola palabra buena de él. La amargura, el dolor y el enojo eran energías pesadas y repelentes.

No era de extrañar que su hijo no se quisiera poner en contacto con ella. Hablamos sobre la situación durante un rato, hasta que vio las cosas de otra manera. Entonces le sugerí que pusiera por escrito la rabia que sentía y que quemara el papel. Así lo hizo. Después se quedó sentada tranquilamente y pensó en todas las cosas que amaba de su hijo. Por último le pidió a su ángel que hablara con el ángel del hijo y que le sugiriera que llamara a su madre por Navidad. El mismo día de Navidad sonó el teléfono, y por supuesto era él.

Si alguien cambia por completo su actitud hacia ti después de muchos años, es un milagro. Anne me contó la siguiente historia: ella y su madre no se habían llevado nunca demasiado bien, especialmente porque su hermano era el favorito. Cuando éste se suicidó fue una conmoción terrible para toda la familia. Su madre quedó destrozada. No quería hablar del tema y vivía parapetada tras un inexpugnable muro emocional. Su madre parloteaba sin cesar y Anne simplemente no lograba comunicarse con ella.

Anne leyó mi primer libro, *Light Up Your Life* (*Ilumina tu vida*), y pensó: «No. Esto es ridículo. Es imposible cambiar de manera tan fácil. Puede que les funcione a otros, pero a mí no. Nunca seré capaz de sanar la relación con mi madre».

De todos modos, un día en que estaba sentada con su madre, que como de costumbre no paraba de charlar, Anne recordó lo que había leído. Decidió probar. Se imaginó que todas sus defensas bajaban y después las de su madre. Entonces se sentó a proyectar amor sobre su madre. Unos minutos después, la madre dejó bruscamente de hablar. Miró a Anne y le dijo: «Tiene que haber otra manera». De repente empezó a contar cómo se sintió cuando murió su hijo. Le contó a Anne que su marido y ella no habían vuelto a hacer el amor desde entonces. Se volvió vulnerable y amable. Desde ese momento Anne y su madre tuvieron una relación increíblemente cercana. Cuando murió, Anne sintió que realmente la amaba. Los milagros son el resultado natural de la activación de energías superiores.

Cuando pedimos a los ángeles, a los maestros ascendidos o a cualquier ser de la jerarquía espiritual de luz que nos ayuden, atraemos la frecuencia divina que trasciende las leyes físicas.

Una mujer india nos contó lo siguiente durante un taller: ella solía coser mucho a máquina. Un día la bobina de su máquina de coser se atascó. No conseguía moverla. No sabía conducir y no podía llevar a cuestas la pesada máquina hasta el taller de reparaciones, así que la puso a un lado y esperó lo mejor. Dos días después su marido llegó a casa con un par de pantalones que había comprado. Eran demasiado anchos y tenía que entrarlos. Los quería para ir a trabajar el día siguiente. Ella sacó la máquina de su sitio y la bobina estaba totalmente atascada. Intentó todo lo que pudo para moverla pero no había manera. Por fin se quedó sentada tranquilamente y le pidió a los ángeles que la ayudaran. Volvió a la máquina y la bobina se movía perfectamente.

Una íntima amiga mía se estaba mudando de casa. Tenía un sofá muy grande al que le tenía gran aprecio. Los hombres de la mudanza no lograron hacerlo entrar por la puerta principal. Desmontaron parte de la valla del vecino y llevaron el sofá a la parte posterior de la casa. Tampoco pasaba por la parte de atrás. Lo intentaron desde todos los ángulos posibles durante veinticinco minutos. Entonces mi amiga les pidió serenamente a los ángeles que se encargaran del tema. Al cabo de un minuto de haber pedido ayuda, el sofá había pasado por la puerta y estaba adornando el salón. Los hombres de la mudanza no lo podían creer.

Un día participaba en un programa de radio en el que la gente podía telefonear y una mujer llamó para contar que cuando su padre murió ella no sabía cómo iba a arreglárselas para el funeral. Estaba destrozada. No podía afrontarlo. Estaba tan desesperada que pidió ayuda. Por la noche se le apareció un ángel en sueños. Oyó cantar himnos a su alrededor y sintió una total paz de espíritu. Esta sensación persistió y la acompañó durante el funeral. Entonces siguió contando que un día la fuente que alimentaba el estanque de su jardín había dejado de manar. Unos amigos intentaron repararla pero no lo lograron. Pensó que los peces morirían. Durante los días siguientes otras personas intentaron arreglarla. Nada funcionó. Antes de acostarse pidió a los ángeles que la ayudaran a repararla. Por la mañana la despertó el sonido del agua corriente. La fuente funcionaba de nuevo.

Me sentí realmente impresionada por lo que contó una participante de un taller. Explicó que su marido era un hombre de negocios que viajaba con frecuencia a Alemania. En uno de sus viajes había pasado la noche en un hotel en que solía hospedarse. Por la mañana se subió al coche y se marchó. Horrorizado, se dio cuenta de que iba conduciendo en dirección contraria por el carril de entrada a la autopista, de cara a los coches que venían. En medio del pánico llamó a los ángeles para que le ayudaran. En un instante se encontró en el otro lado, en el carril exterior, orientado en la dirección correcta. Simplemente no pudo encontrar una explicación para ello.

Grandes seres como por ejemplo Sai Baba materializan ceniza sagrada, llamada ceniza *vibhutti*, en sus manos. Es una ceniza que sana. Existen muchas historias que cuentan cómo se ha formado ceniza *vibhutti* en alguna imagen de Sai Baba. En el hogar de un devoto yo vi que la ceniza *vibhutti* llenaba el espacio interior del marco de la imagen. Incluso se desparramaba por el papel pintado de su habitación santuario y me pareció algo sorprendente.

Las sincronicidades y las coincidencias son una forma de milagro. Las fuerzas espirituales trabajan tras los bastidores coordinando el inmenso y maravilloso Universo, para garantizar que los encuentros predestinados tienen lugar.

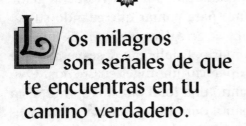

Los milagros son señales de que te encuentras en tu camino verdadero.

Puede ser algo tan sencillo como cuando mi padre se encontró a un indio en el tren y le dijo: «Cuando vivía en la India era muy amigo de un joven. ¿No le conocerá, verdad?» Resultó que era primo carnal de ese hombre. ¡De todos los millones de personas que viven en la India! Eso animó a mi padre a escribir a su amigo y reemprendieron el contacto. Como resultado de ello, mi hija y yo nos alojamos en Delhi con su familia cincuenta años después de que mis padres los conocieran. Nos llevaron a ver todos los rincones de mi infancia y lo pasamos estupendamente juntos.

Las coincidencias y las sincronicidades están dirigidas por Dios y orquestadas por tus guías y ángeles para que tengas la posibilidad de realizar tu destino.

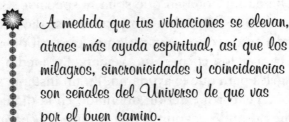

A medida que tus vibraciones se elevan, atraes más ayuda espiritual, así que los milagros, sincronicidades y coincidencias son señales del Universo de que vas por el buen camino.

28

La Ley de la Sanación

ToDO es luz. La luz es energía. Tu cuerpo físico está construido con la energía de tu consciencia. Por supuesto no se trata sólo de la consciencia de esta vida. Si cada alma únicamente dispusiera de una sola vida en la Tierra, resultaría injusto que una persona estuviera discapacitada o enferma y otra estuviera sana. Tu cuerpo se construye con la consciencia de tu alma a lo largo de muchas vidas. Todo es espiritualmente perfecto. Estás aquí para experimentar la vida a través de un cuerpo físico. Ciertas elecciones físicas las realiza tu alma antes del nacimiento, y pueden parecer limitaciones físicas. Tu personalidad o tu yo inferior toma otras decisiones en cada momento de tu vida.

Sólo existen dos emociones básicas en la Tierra. Una es el miedo y la otra el amor.

Cuando te resistes a las experiencias que has escogido debido al miedo, creas bloqueos en tu cuerpo mental, emocional o espiritual. A la larga esto se convierte en enfermedad física.

Las creencias y actitudes mentales inflexibles y cristalizadas generan tensión. Si sometes un órgano a una tensión durante el tiempo suficiente, algo físico se manifestará.

Las emociones que niegas o reprimes se quedan en el cuerpo hasta que se expresan a través de una enfermedad física. Cuando te niegas a reconocer tu yo espiritual y tu propia magnificencia cortas el suministro de energía divina y tu cuerpo empieza a marchitarse.

Toda mala salud tiene su origen en una energía atascada. Cuando eres feliz y el amor circula libremente, las células de tu cuerpo responden estando sanas.

Tu cuerpo es como un río de energía, que fluye a no ser que se encuentre con un obstáculo. El amor es una energía de alta frecuencia que mantiene tu cuerpo despejado y fluido. Toda manifestación de miedo no expresado, como un desconsuelo, dolor, enojo o envidia, tiene una vibración baja y es como el sedimento que va obturando el fluir de la corriente. Si abres las compuertas enviando un fuerte chorro de agua río abajo, eliminas los sedimentos y los lleva hasta el mar. Éste es el efecto que tiene una corriente de energía sanadora.

La sanación tiene lugar cuando la energía de alta frecuencia fluye a través del cuerpo, transmutando la energía obturada que causó la enfermedad.

Como una de las leyes básicas del Universo es que tienes que pedir permiso antes de interferir con la energía de cualquier persona, no es adecuado precipitarse y hacerle sanación a nadie a menos que esté de acuerdo. Existen varias razones para ello.

Entrar en el sistema energético de alguien es como entrar en su casa. Es un lugar privado y antes de entrar hay que llamar.

Puede que la enfermedad le esté enseñando alguna lección, aunque se queje de ello.

La enfermedad es su karma y si no ha aprendido la lección que representa, no le harías ningún favor sanándola.

Puede que no sea el momento adecuado para que sane, y su alma lo sabe.

Puede que tenga un contrato espiritual para que sea otra persona quien la sane.

Si deseas que alguien mejore, en cierto modo estás apegado. Corta los hilos y permite que sea la otra persona quien tome la decisión.

No depende de ti decidir qué cosa es la que sirve al bien más alto de esa persona.

Cuando es imposible preguntar si puedes hacer sanación, por ejemplo cuando la otra persona es demasiado joven o está demasiado enferma, sintoniza con su Yo superior. Cuando mentalmente le pides permiso a su Yo superior, recibirás una impresión clara de que la respuesta es afirmativa si ello es adecuado. Si no es así, no realices la sanación.

La sanación tiene una frecuencia muy potente. Si insistes en imponérsela a alguien y le quitas su enfermedad kármica, serás tú quien cargue con ella después, en esta vida o en otra posterior.

De todos modos, procura ser espontáneo. Escucha la voz de tu intuición. Si te tropiezas con un accidente y hay alguien herido, no vaciles. Ve y ayuda. La sanación fluirá automáticamente de ti si es lo correcto.

Siempre resulta apropiado enviar luz o amor, o pedir a los ángeles que abracen a alguien.

La sanación tiene lugar cuando alguien intercede canalizando energía de elevada frecuencia hacia el cliente o cuando el sanador estimula los propios mecanismos de sanación del paciente. Como las vibraciones elevadas consumen las bajas, también puede darse la sanación cuando alguien ha elevado su energía, por ejemplo mediante la danza o el ritual, o utilizando su propio magnetismo.

Existen muchas formas de sanación:

• *Sanación espiritual*

Cuando las personas se dedican a la sanación, sintonizan con la Divinidad mediante la práctica espiritual, el desarrollo personal y un modo de vida correcto. Esto les permite canalizar energía de alta frecuencia, que fluye a través de las células del cuerpo de la persona. Cuando el sanador es un canal trasparente pueden ocurrir milagros y el alma de la persona receptora utilizará la sanación allí donde sea más necesaria. Puede que eso no libere exactamente la parte física. Puede que la sanación se exprese teniendo más paciencia con su enfermedad. Se puede sentir más feliz o más sereno. Puede sentirse libre para morir. La sanación siempre surte efecto en algún nivel.

• Sanación por la fe

En este caso el sanador también canaliza a la Divinidad pero la energía sanadora es activada por el poder de la plegaria y de la fe.

• Sanación de la actitud

El sanador ayuda a su cliente a cambiar de actitud. Cuando el enfermo realmente se perdona a sí mismo y a la persona que es la causa de los sentimientos enfermizos como el resentimiento, el odio, el temor u otra emoción estancada, el bloqueo energético se disuelva y la luz y el amor vuelven a fluir.

• Sanación a distancia

Mediante la plegaria, la sanación espiritual o la intención se puede enviar luz a una persona para sanarla.

• Sanación magnética

Si alguien posee energía personal de sobra, la puede utilizar para transmutar las bajas frecuencias que bloquean a alguna otra persona. La energía se puede elevar mediante la danza, salmodiando o con un ritual. Como no es energía divina, puede que la sanación no dure a menos que detone el propio mecanismo de sanación de la persona enferma.

• Sanación por reiki

Los sanadores sintonizan con símbolos universales de frecuencia elevada. Es algo parecido a encender el televisor. Cuando estás sintonizado atraes a la energía reiki para sanarte a ti mismo y a los demás.

• Sanación angélica

Es como la sanación espiritual pero los ángeles llevan a la persona que realiza la sanación y a la que la está recibiendo ante Dios. Las posibilidades son ilimitadas.

• Sanación natural

La acupuntura, la homeopatía, la sanación por el sonido y por los cristales, las hierbas, la dietética y la mayor parte de las terapias naturales funcionan realineando el sistema energético de la persona y eliminando los bloqueos mediante energía de alta frecuencia. También estimulan los propios poderes curativos de la persona.

Toda sanación eleva la frecuencia de la persona enferma y le aporta más luz. A continuación indico los pasos para proceder a una sanación:

Primero tanto tú como la persona que ha de ser sanada tenéis que tomar tierra. La energía de alta frecuencia que está flotando en el aire no tiene más utilidad que el relámpago que se ve en el cielo. La luz necesita una toma de tierra para poder ser utilizada. Puedes tomar tierra imaginando unas raíces que salen de los pies y penetran en la tierra. Al poner las manos sobre los hombros de alguien también le activarás los *chakras* de las plantas de los pies. Éstos son los centros energéticos espirituales que lo conectan con la Tierra y que le servirán de anclaje. Al finalizar la sanación va bien poner las manos en los pies del paciente.

Sintoniza con la persona a quien vas a transmitir sanación. Esto significa abrir tu corazón a ella y sintonizar con su energía. Si rezas una plegaria obtendrás el mismo efecto.

Pide permiso al Yo superior de la persona, aun cuando ella ya te haya dicho que sí.

Mantén la intención de ser un canal elevado y puro para que la energía sanadora divina fluya a través de ti hacia tu cliente. Al hacerlo, visualiza una imagen de su yo divino, que es perfecto.

Desapégate. Si te apegas al resultado bloquearás la sanación. Cuando termines, mentalmente corta los lazos con la persona que estás trabajando. Esto también garantizará que no recojas su enfermedad.

Como la consciencia humana en general se está elevando ahora y por ello los *chakras* superiores, o centros de energía espiritual, se están abriendo, más y más personas se sienten atraídas por la idea de dedicarse a la sanación. Si sientes que quieres ser un sanador, seguro que lo eres. Recuerda que, para que la sanación sea efectiva, tu luz o la luz que eres capaz de canalizar, tiene que ser más elevada que la de la persona con quien trabajas. Así que purifica tus canales, fija tus intenciones y realiza tu servicio mediante la sanación.

❋

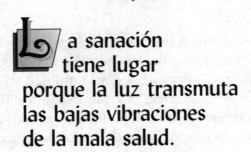

La sanación
tiene lugar
porque la luz transmuta
las bajas vibraciones
de la mala salud.

❋

29

La Ley de la Purificación

Tu aura es como una capa que te cubre. Si tu esencia es pura, es como una enorme luz que te rodea y te protege. Si tienes temas por resolver, se ven reflejados como manchas de suciedad. La persona que está enferma o en estado de shock puede que tenga un aura muy débil o que incluso carezca de ella, mientras que alguien muy negativo estaría rodeado por una capa oscura. Cuando tu aura es totalmente clara y pura, nada puede hacerte daño. Ninguna persona negativa ni situación puede atravesarla. El miedo deja pasar el dolor, el posible daño o peligro. La pureza confiere seguridad.

Cuanto más evolucionamos, más brillante es la luz que se proyecta sobre nosotros, así que los puntos negros quedan a la vista. Cuando la ropa está muy sucia, una mancha casi no se nota. Pero si la ropa es blanca y está limpia, cualquier marca se nota. Las demás personas nos son útiles para llevar nuestra atención hacia los puntos sucios de nuestra ropa. El aura es como la ropa que vestimos.

Cuando alguien nos hace el favor de señalar un punto negro de nuestra aura, llamamos a eso «pulsar los botones». Muchas veces la consideramos una persona difícil o complicada. De hecho, nos está haciendo un inmenso favor.

Antiguos resentimientos, enojos o aflicciones automáticamente forman borrones en tu aura, igual que los sentimientos turbios como la envidia, los celos, el orgullo o la avaricia. Estos puntos oscuros atraerán algunos desafíos hacia tu vida para dirigir tu atención hacia eso que necesitas limpiar.

Una manera de hacer una limpieza de los puntos oscuros del aura es escribir cualquier pensamiento negativo que se te venga a la cabeza. Hazlo con la intención de librarte de ellos. Entonces quema el papel si puedes. El fuego transmuta la energía pesada. Si no puedes quemar el papel, tíralo por la taza del inodoro porque el agua también purifica. Si tampoco es posible, entierra el papel en la tierra.

La tierra, el fuego, el agua y el aire son grandes purificadores. Caminar con los pies descalzos por la hierba verde permite que tus energías negativas desciendan por tus pies y pasen al suelo, donde la Madre Tierra las purificará. Salir a tomar el aire te despeja la cabeza y restablece tu energía vital. Nadar, especialmente en el agua salada del mar, te purifica el aura. Si no puedes ir al mar, pon un poco de sal en el agua de la bañera.

Hace poco me sorprendió encontrarme con alguien a quien hacía muchísimo tiempo que no veía. Siempre me había parecido un hombre un poco harto de la vida y ligeramente irritable. La irritabilidad es un síntoma claro de que tu aura precisa una limpieza. En esta ocasión tenía un aspecto luminoso, trasparente, parecía diez años más joven y estaba lleno de radiante vitalidad. Me dijo que había dejado de pensar en sus problemas y que había empezado a practicar *windsurfing* en Devon.

El fuego es probablemente el elemento purificador más potente. Quemar viejas fotografías, cartas y pertenencias transmuta la negatividad que impregna los recuerdos y cambia la energía psíquica de tu entorno.

Todas las adicciones son conductas que repetimos para reprimir sentimientos. Puede tratarse de comer en exceso, gastar compulsivamente, beber demasiado alcohol o un montón de cosas más. Es preciso expulsar esos sentimientos reprimidos de tu aura si quieres que esté limpia. Puedes utilizar la luz para que te ayude a hacerlo.

Cuando estás a punto de fumar un cigarrillo o hacer algo así, detente un momento y pide a la luz que te ayude a sentir la emoción que estás deseando reprimir.

- Pídele a la luz que te revele cuál es esa emoción que niegas.
- Pídele que te ayude a sentirla.
- Entonces pide ayuda para soltarla.
- Por último, pide a la luz que sane esa emoción.

- Imagínate a un niño que está aterido de frío y lleno de barro, puede que incluso se haya perdido. Una persona compasiva que lleva una hermosa y suave capa se acerca a él y le envuelve en ella para darle calor. Al envolver a otros en tu aura de amor y compasión, recoges su barro psíquico.

Existen muchas personas con un aura limpia que envuelven a otros en su capa protectora sin darse cuenta de lo que están haciendo. Como absorben la energía negativa de la otra persona, puede que se sientan agotadas o carentes de energía. Si tienes un aura ancha y pura, ni siquiera tienes que hablar con alguien para que esto ocurra. Tu aura impregna la suya y empieza a limpiarla. Esto significa que te puedes sentir desvitalizado y cansado cuando estás con personas de baja vibración. Si estás en presencia de alguien que tiene un aura más pura que la tuya, será la otra persona quien limpiará la tuya.

Tu aura actúa como un amortiguador entre tú y el mundo exterior. No está de más retraerla hacia tu interior cuando vas de compras o acudes a lugares donde hay mucha gente. Como en todo trabajo espiritual, retraes tu aura imaginando que se acerca hasta tu cuerpo, como si te estuvieras arropando con una capa, bien apretada contra ti.

Resulta muy desagradable estar junto a una persona sucia, que huele mal y que siempre frunce el ceño. La gente se aleja de alguien así.

Tu aura tiene un color, un sabor y un olor. Puede percibirse como densa, suave, ligera o pesada. Si es turbulenta, huele un poco mal y está repleta de emociones no resueltas, estarás emitiendo energía oscura. Sólo las personas que posean un aura similar estarán cómodas en tu presencia. El exceso de alcohol, cigarrillos y drogas contamina tu aura. Las entidades del bajo astral estarán encantadas de pulular a tu alrededor o de habitar en tu interior porque tu vibración encaja con la suya. Una entidad astral se sentiría incómoda en un aura pura y pronto se marcharía. Si dices muchas palabrotas, dices o piensas cosas desagradables sobre los demás, te aferras a tu dolor, culpabilidad o rabia, te sientes resentido, te preocupas y estás ansioso, haces poco ejercicio, vives en medio de la suciedad o el caos físico, tomas comida basura y trabajas excesivamente, tendrás que purificar tu aura.

Si deseas andar por el camino espiritual, es imprescindible que purifiques tu aura para que esté clara, fragante, ligera y radiante, con hermosos colores. Personas de elevada energía, similar a la tuya, te rodearán. Cuando eres puro y ligero, los ángeles y los guías espirituales más evolucionados se sienten atraídos hacia ti.

Pasos para la purificación:

- Vigila tus pensamientos y palabras.
- Actúa siempre con honestidad.
- Cultiva la compañía de personas puras.
- Escribe y quema tu culpabilidad, dolor y rabia.
- Perdónate y perdona a los demás por todo.
- Peina físicamente tu aura con los dedos.
- Haz ejercicio regularmente, si es posible en algún lugar donde haya verde o junto al mar.
- Pide a los ángeles y a los maestros ascendidos que te purifiquen.
- Envuélvete con la llama violeta y pide a tu Yo superior que te purifique el día trazando un camino de llama violeta frente a ti.
- Antes de acostarte por la noche solicita permiso para visitar la cámara del arcángel Gabriel en el monte Shasta, para purificarte.

Para purificar tu hogar:

- Limpia y ordena tu espacio personal.
- Abre las ventanas para dejar que circule el aire fresco.
- Mira menos televisión y desconecta los enchufes cuando no los estés utilizando.
- Las plantas, especialmente los helechos y las cintas, transmutan la energía psíquica más densa.
- Llena tu casa de libros, imágenes y colores espirituales.
- Canta o salmodia música sagrada.

- Purifica todas las habitaciones con incienso.
- Medita e invita a los ángeles y a los seres superiores a tu casa.
- Tu hogar irradiará una luz dorada y se convertirá en un lugar de amor.

Es hora de que nuestro planeta sea purificado, para que pueda ascender. Las líneas de energía telúrica fueron colocadas alrededor de la Tierra en tiempos atlantes como un sistema de comunicación por el que pasa una vibración tridimensional. Son como un sistema de tendido eléctrico que hubiera sido enterrado bajo la superficie de la tierra. Algunas líneas han quedado cortadas, otras han sido invadidas por energías oscuras y unas pocas siguen puras e intactas. Es preciso reparar y purificar estas antiguas líneas telúricas. Así que cuando medites, visualiza las líneas de energía telúrica del planeta completas y radiantes. Este antiguo sistema energético se está volviendo ahora obsoleto, pero aun así sigue siendo importante para aquellos que todavía no están sintonizados con la frecuencia superior.

La nueva red, adecuada para una frecuencia pentadimensional, está siendo colocada ahora sobre la superficie de la tierra. Como estas nuevas líneas transmiten una corriente de elevada vibración, se necesita gente con elevados propósitos e intenciones espirituales para que se concentren en ellas y transmitan energía de paz, luz e inspiración a través de esa red.

El color del *chakra* cardíaco pentadimensional, que es el centro energético espiritual situado en el corazón, es el blanco puro. Éste es el centro de la consciencia crística, que es la del amor incondicional puro, la de la Unidad. Me sentí intrigada cuando mis guías me sugirieron que pidiera a la gente que empezara a colocar columnas de luz blanca allí donde se encuentren, en cualquier lugar y momento. Hay que invocar a Dios para acceder a esta luz, porque el mundo necesita ahora que lo llenemos de luz. La columna de luz seguirá en pie después de que tú te hayas ido de ese lugar.

Para purificar el planeta:

- Visualiza luz y amor que fluye por toda la red de líneas telúricas bajo la superficie de la Tierra.

- Visualiza luz y amor de elevada frecuencia que circula por la nueva red de líneas, por encima de la superficie de la Tierra.
- Cierra los ojos y pide que una columna de luz blanca descienda desde Dios, a través del Universo y de ti, hasta el centro de la Tierra. Visualiza que la columna se expande y pide que cualquier cosa que toque se llene y quede bajo la protección del Espíritu Santo. Hazlo siendo consciente de que estás llenando el planeta con la luz de Cristo, sabiendo que estás preparando nuestro planeta para la llegada de la consciencia crística.

❋

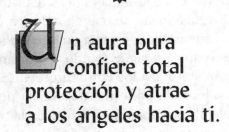

Un aura pura confiere total protección y atrae a los ángeles hacia ti.

❋

30

La Ley de la Perspectiva

*La consciencia de la persona
que tiene la experiencia
determina esa misma experiencia.*

EL tiempo no es lineal. Tu estado mental cambia tu percepción del tiempo. Si te sientes desgraciado o aburrido, el tiempo se hace más lento. Si tienes miedo se detiene. Cuando te sientes feliz, entusiasmado e interesado, el tiempo vuela. Si conduzco el coche por un lugar desconocido, el viaje parece más largo que cuando ya conozco el camino y voy más relajada.

Cuanto más baja es nuestra frecuencia, más lenta será nuestra percepción del tiempo. Las personas involucradas en actividades de vibración elevada descubren que el tiempo pasa rápidamente. Me dicen que el tiempo en el planeta se ha acelerado un tercio como resultado de la elevación de consciencia que ya ha tenido lugar.

El tiempo se puede trascender. Las personas dotadas de ciertos poderes psíquicos pueden sintonizar con vidas pasadas o con el tiempo futuro. Cuando una persona clarividente sintoniza con el futuro de alguien, por supuesto está contactando con un posible tiempo futuro. Tienes varias posibilidades frente a ti, dependiendo de las decisiones que tomes. Todo lo que ve el clarividente son las probabilidades. Diferentes canales sintonizarán con distintos momentos de tu futuro. Puede que todos te digan algo diferente y que todos tengan razón en cuanto al período de tiempo al que han accedido. Lo que un clarividente capta depende también de su nivel de consciencia. Si alguien puede acceder a tu registro akásico, examinará las opciones de tu alma y podrá presentarlas ante ti con una valoración más ajustada de tu posible futuro.

En los sueños solemos movernos por una realidad temporal diferente. Una mujer me dijo que cuando se prometió en matrimonio soñó que caminaba sola hacia el altar. Su abuela, que había fallecido, y su padre, la estaban observando desde arriba. Seis semanas antes de la boda su padre murió repentinamente. Su alma le había ofrecido información sobre su futuro.

El tamaño también depende de la percepción personal. De niños, las casas y las personas nos parecen mucho más grandes que cuando somos adultos. Muchas personas han tenido la experiencia de regresar a algún lugar de su infancia y de encontrarlo mucho más pequeño de lo que recordaban. Una montaña le parece más alta a un escalador novato que cuando ya tiene experiencia.

Un problema que parece enorme e insuperable a media noche, muchas veces se ve más sencillo por la mañana. El reto es el mismo. Lo que ha cambiado es tu perspectiva.

Percibimos la materia como líquida, sólida o gaseosa. En realidad, sólo se trata de átomos y moléculas que se mueven a diferentes niveles de densidad y lo que vemos depende de nuestra percepción. La belleza se encuentra en el ojo del observador.

La persona con visión psíquica que puede ver hadas, elfos y otras criaturas espirituales percibe una versión más amplia del Universo que otra cuyo tercer ojo está cerrado. Alguien atormentado por entidades negativas tendrá una comprensión muy diferente de la persona que está en contacto con ángeles y guías espirituales. El individuo que ha tenido algún encuentro con alienígenas o ha visitado otras galaxias tendrá una consciencia expandida hacia otra dirección. Todo ello es correcto dentro de su propia realidad. Las personas dementes simplemente han accedido a una realidad diferente de la que se considera normal en la Tierra.

Afrontarás tus desafíos vitales de forma diferente según tu nivel de consciencia.

- Por ejemplo, vas conduciendo tranquilamente cuando un joven alocado que conduce a toda prisa te adelanta y te raya la carrocería. ¿Cómo respondes?

Si eres un ser tridimensional que transita por el camino más mundano, probablemente le insultarás y le criticarás. Puede que incluso bajes del coche para echarle una bronca o darle un puñetazo.

Un ser tetradimensional que camina por el sendero del desapego, pensará: «Bueno, eso era mi karma. Está claro que lo atraje hacia mí y sólo se trata de una pequeña rayada. No vale la pena disgustarse por ello».

El ser pentadimensional que avanza por el sendero del amor incondicional, por el camino crístico, sale del coche sin tan siquiera pensar en el percance. Está lleno de compasión hacia el joven y quiere comprobar que no le ha pasado nada. Envuelve al joven (y a su madre) en la luz.

- Si un cliente te pide cita y después no aparece a la hora de la consulta, responderás a ello según tu perspectiva.

El ser tridimensional se pondrá furioso, se sentirá desvalorizado y se mostrará enojado con ese cliente cuando finalmente aparezca.

El ser tetradimensional se desapegará, enviará la factura si lo considera adecuado y se olvidará del tema.

El ser pentadimensional llamará para comprobar que el cliente está bien y le hablará con amabilidad. Mentalmente le dará las gracias por haberle ofrecido ese espacio libre para disfrutar de un paseo o realizar alguna otra tarea.

- Dos personas son asaltadas. Una lucha hasta el final y nada puede con su espíritu. La otra, que tiene un patrón interno de abuso, cree que es culpa suya y se desmoraliza.

- Un gatito resulta herido. La persona que tiene el corazón cerrado lo ve como un inconveniente y lo maldice. La que posee un corazón compasivo ve el dolor del animal y lo cuida.

Todo depende de tu perspectiva. No hay nada que juzgar. Sólo existe conciencia de que todo el mundo vive en una realidad diferente.

- Si juzgas algo o a alguien es hora de que pongas un nuevo marco a tu perspectiva.
- La humanidad en peso juzga el suicidio desde una perspectiva tridimensional. Lo condenan como un acto malvado o de debilidad. Desde el camino crístico se percibe como alguien con un fuerte anhelo de recibir más amor o que responde a la llamada para volver a casa.
- La tortura se puede percibir como algo terrible o como el deseo de compadecerse.
- El sexo se puede percibir como inmoral o como un anhelo de expresar amor.
- La guerra es algo terrible o una oportunidad de descubrir el valor y la fuerza.
- La persona horrible se puede percibir como una amenaza o como alguien que te está enseñando una lección. Alguien que está «pulsando tus botones» te está haciendo un servicio trayendo tus sentimientos no resueltos ante tu atención. Te está recordando tus propias dudas.

¿Quién sabe cuál fue la misión que Hitler tenía que realizar en esta Tierra? Aquel que pulsa los botones de millones de personas sirve para ofrecer lecciones a todos los que se ven afectados por ello.

Toda persona tiene un aspecto humano que simplemente oculta la perfección divina. Seguiremos luchando hasta que percibamos la llama divina en todas las personas y todas las cosas. Entonces podremos verlo todo desde una perspectiva crística.

❁

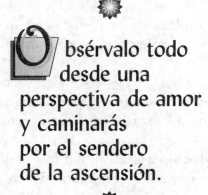

Obsérvalo todo
desde una
perspectiva de amor
y caminarás
por el sendero
de la ascensión.

❁

Todo es perfecto tal como está,
según las leyes de Dios.
Es nuestra percepción
la que está distorsionada.
La Tierra es conocida
como el plano de lo ilusorio,
porque nada es lo que parece ser.

31

La Ley de la Gratitud

GRATITUD significa dar las gracias desde el corazón. Cuando lo haces, la energía fluye desde el corazón y activa ciertas respuestas en otras personas y en el Universo. Si expresas gratitud como parte del protocolo o porque crees que debes sentirse agradecido, tus palabras y pensamientos no atraerán la misma respuesta.

Una mujer me dijo que nunca se había llevado bien con su hija, María, que solía estar enfadada frecuentemente con ella. Además, su hija no disponía de mucho dinero. Como iba a pasar las vacaciones navideñas con María, imaginaba que le esperaban unos días más bien difíciles y tristes.

No obstante, cuando llegó la mañana de Navidad, María la saludó afectuosamente y le dio una carta para que la leyera. Era una carta larga y había decorado los márgenes con cenefas para que tuviera un aspecto festivo. Su hija le dijo que iba a hacer una taza de té mientras la leía.

La madre se sentó con una cierta aprensión. Primero se quedó asombrada, pero gradualmente su asombro fue convirtiéndose en alegría y maravilla. La carta que le había escrito su hija era una carta de reconocimiento y gratitud por todo lo que había hecho por ella. La carta vibraba de pequeñas anécdotas y recuerdos de su infancia.

—No puedo describir lo que sentí cuando leí esa carta —me dijo la madre—. Creí que me iba a estallar el corazón. Me sentí tan amada y apreciada. Tenía más valor que todos los regalos del mundo. Nos abrazamos y hablamos sobre montones de cosas por primera vez. Cuando volví a mi casa sentí que amaba tanto a mi hija que quería darle algo. Eché un vistazo a mi abultada cuenta corriente y me sentí avergonzada. Ella había pasado por una época muy difícil y antes yo no había querido nunca darle algo. Extendí un cheque sustancioso a su nombre y lo puse en el correo con mi amor.

Cuando nos sentimos totalmente agradecidos a una persona por algo que ha hecho, esa persona siente la energía de gratitud y se siente tan contenta por ello que todavía quiere dar más. Cuando envías tu gratitud de corazón al Universo por las bendiciones recibidas, la energía divina responde amorosamente otorgándote nuevas bendiciones.

La gratitud de corazón es una llave para la abundancia. Abre la puerta de los grandes recursos del Universo.

El juzgar y el criticar te hacen vivir en un infierno. Son lo opuesto de la gratitud y el reconocimiento. Si alguien te ha hecho diez cosas malas, es bastante probable que lo critiques y lo juzgues. Te sientes enfadado. El cuerpo se te tensa. Te duele la cabeza. Es un infierno. Hay una salida del infierno hacia el cielo. Reconocer con compasión que esa persona está herida. Las personas felices no perjudican a nadie. Intenta encontrar una cualidad en esa persona, o alguna cosa buena que hiciera por ti. Concéntrate en apreciarlo o sentirte agradecido por ello. Puede ser que su actitud hacia ti no cambie, pero tú volverás a sentirte bien. Eso es el cielo.

El estar agradecido a tus padres por darte la vida se considera un concepto anticuado. Muchas personas siguen pensando que es culpa de sus padres el que ellos nacieran. La verdad es que tu espíritu los eligió como padres y ellos se mostraron de acuerdo, te hicieron entrar en la Tierra y te ofrecieron las circunstancias y las condiciones, aunque fueran difíciles, que tu alma necesitaba para esa experiencia.

Me quedé algunas semanas en el *ashram* de Amma en Kerala, en el sur de la India. Se la conoce como la Madre del Abrazo porque su manera de transmitir el *darshan* —la bendición divina— a todo aquel que llega a su *ashram* es dándole un abrazo. Te mira a los ojos y susurra palabras amorosas. El amor divino fluye desde ella hacia el centro de tu corazón. Es una persona iluminada, un avatar, e irradia amor y tolerancia absolutos. Puedo decir con toda sinceridad que jamás he experimentado nada igual al inmenso amor que ha vertido sobre mí durante el *darshan*. Desde su iluminación ha dedicado su vida a ofrecer *darshan*, y a ayudar a aliviar el sufrimiento de la humanidad.

Parece ser que tuvo una infancia horrorosa. Fue una hija no deseada de una familia numerosa. Además, su piel era mucho más oscura que la de sus padres o hermanos, así que se la consideraba una desgracia para la familia. Por si fuera poco, su madre la aborreció desde el momento en que nació y se negó a protegerla del odio vengativo de su hermano mayor. Se convirtió en la esclava de la familia, se acostaba tarde y se levantaba temprano para realizar las tareas domésticas. Constantemente le pegaban y se mofaban de ella, y eso no sólo por parte de su hermano mayor y sus amigos, sino también por ambos padres. A pesar de ello, durante toda su infancia, ella danzaba y cantaba las alabanzas de Krishna. Veía a Dios en todas las cosas y constantemente llamaba a su Amado para que acudiera a ella.

Un día Krishna entró en ella y Amma se iluminó. Más adelante fue la deidad femenina la que entró y entonces se convirtió en un ser totalmente iluminado, omnisciente y omnipresente. Al poco tiempo gentes de todo el mundo acudieron a recibir el amor divino a través de ella y levantaron un enorme templo.

Le pregunté a uno de sus devotos qué sentía ahora Amma por sus padres y me dijo que los considera sus mayores maestros. Se sientan a su derecha los días de ceremonia. Dice que sin los difíciles retos que le brindaron en su infancia no se hubiera podido iluminar. Les está eternamente agradecida.

En terapia individual y grupos de crecimiento personal los participantes muchas veces trabajan con las dificultades de su infancia. Existe una tendencia general a concentrarse en los aspectos negativos de los padres. Esto tiene su origen en el proceso terapéutico, por supuesto, pero el reconocimiento y la gratitud también sanan.

Recuerdo perfectamente un grupo que yo dirigía. Después de una sesión bastante intensa, les pedí a los participantes que pensaran en cosas positivas que sus padres hubieran hecho por ellos.

Durante un momento reinó un silencio meditabundo mientras su línea de pensamiento cambiaba de dirección. Entonces alguien dijo:

—Mi madre me hacía unos preciosos pasteles de cumpleaños.

—La mía también —dijo otro—. Se me había olvidado.

—Mi padre me llevaba a pescar los domingos.

—Eh, mi padre jugaba conmigo al fútbol y me animaba mucho.

—El mío también —dijeron dos o tres voces al unísono.

—Mi madre me hacía vestidos con volantes.

Y así sucesivamente. La densidad se despejó y de repente una energía hermosa y ligera impregnó la sala.

A la semana siguiente casi todos comentaron que se habían sentido mucho más felices, positivos y sanos durante la semana. Y querían seguir recordando cosas positivas y sentirse agradecidos por ello. Después de eso instauramos unos minutos cada semana para dedicarlos al agradecimiento. Cada vez más miembros del curso nos iban informando de que los padres, muchos de ellos ahora ancianos, estaban siendo mucho más amables con ellos y otorgándoles libremente el reconocimiento que habían estado buscando toda su vida.

Hacía un año que Bárbara asistía al grupo. Estaba casada, tenía tres hijos y siempre presentaba una imagen alegre y luminosa al mundo. Tras esa imagen era una persona desesperada. Pensaba que nunca podría tener una buena relación con su madre. Semana tras semana había expresado su frustración por lo difícil que era su madre y su anhelo por sentirse más cerca de ella. A la semana siguiente de haber empezado a revisar las cosas buenas de los padres y a apreciarlas, nos dijo que se había ido de compras con su madre. «Mamá estuvo tan simpática, no me lo podía creer. Incluso me compró un vestido». Continuó apreciando lo positivo en su madre y aprendió a estarle agradecida por las pequeñas cosas que había hecho por ella a lo largo de su vida. A la semana siguiente nos dijo encantada que su madre se había ofrecido a hacerle de canguro por primera vez desde que había tenido a los niños.

*El agradecimiento es la brisa
que puede avivar la chispa más diminuta
y convertirla en una gran hoguera.*

Cuando agradeces incluso la cosa más diminuta de una persona o situación, ésa se hace más grande. En cuanto empiezas a apreciar algo y a sentirte agradecido, te estás concentrando en ello, así que, de acuerdo con la Ley de Atención, se incrementa y multiplica.

Escuché una anécdota sobre un niño a quien le resultaba difícil cumplir con sus tareas en la escuela y se volvió gruñón e introvertido. Por supuesto era impopular. Sus profesores le tildaban de perezoso, descortés y difícil. Él se encogía bajo sus palabras de censura, crítica y condena. Afortunadamente llegó una nueva profesora a la clase que comprendía las Leyes de Reconocimiento y de Gratitud. Se dedicó a buscar algo bueno en el alumno o en su trabajo. No resultaba nada fácil, pero si era posible alabar algo, lo hacía, no importa lo pequeño que fuera. Gradualmente, la mirada atormentada del chico fue desapareciendo a medida que se sentía más seguro. La profesora se percató de que le encantaban las plantas y las flores. La clase construyó un pequeño jardín en el alféizar de la ventana y lo puso a él al cargo. Fue alabado, se le dieron las gracias y apreciaron su contribución a la clase. Él se abrió como una flor y aprendió a sonreír de nuevo.

*El juzgar y el criticar impiden
el crecimiento de las flores
y pueden llegar a matarlas.
La gratitud es la luz del sol
que permite que los pétalos
se abran y florezcan.*

Cuando nos damos cuenta de que nos envían desafíos porque éstos nos ayudan a crecer, cambiamos nuestra actitud hacia ellos.

Es humano y comprensible sentirse destrozado por la muerte de un hijo. Yo no puedo ni imaginarme qué debe de sentirse en un caso así. He conocido a padres que se sienten amargados y enfadados porque su hijo tiene una discapacidad o porque ha fallecido. Los más iluminados saben que un hijo es un préstamo de Dios, un regalo de amor que comporta responsabilidades y retos.

Unos amigos míos tenían un niño con múltiples discapacidades que falleció a los veinte meses de edad. Consideraban el don de su vida y de su muerte como una de las mayores bendiciones que habían recibido del Universo. Sus caras resplandecen cuando hablan de él. Su corta vida estuvo llena de dolor y operaciones. Alteró y cambió de arriba abajo sus vidas. Ellos dicen que fue un ángel que les enviaron para que les abriera el camino espiritual, y se sienten eternamente agradecidos. Celebran su nacimiento y su muerte.

> *Toda situación difícil*
> *oculta el regalo de una lección.*
> *Nuestra tarea consiste en aprender*
> *la lección y apreciar lo que*
> *se nos ha enseñado.*

Si quieres que tu vida sea más feliz, más sana y más próspera, mantén un diario de gratitud. Escribe todos los días alguna cosa por la que te sientas agradecido. Verás cómo empiezas a buscar cosas buenas para poderlas anotar.

Automáticamente te convertirás en alguien más positivo y sabrás apreciar más el valor de las cosas. Antes de acostarte remueve las cenizas del día y descubre las pepitas de oro. Siéntete agradecido por ellas.

Actitudes que activan la Ley de la Gratitud:

- Sé positivo y aprecia las cosas.
- Reconoce todas las bendiciones que se te han otorgado.
- Sé alegre. Cuando resplandeces de felicidad estás apreciando lo que tienes.
- Recuerda las cosas buenas de una persona.
- Concéntrate en la parte buena de toda situación y persona.
- No escatimes tus alabanzas.
- Utiliza la palabra «gracias» con autenticidad.
- Sé cariñoso, atento y amable.
- Reconoce tu propia magnificencia.
- Celebra la vida y sé feliz.

La gratitud atrae incontables bendiciones hacia ti.

Reconoce tus bendiciones y observa cómo se multiplican.

32

La Ley de las Bendiciones

Cuando bendices a alguien estás invocando la energía divina para que llegue hasta él. Cuando esto se hace con una intención genuina, un rayo de luz divina pasa a la persona que estás bendiciendo.

En ciertas religiones los sacerdotes colocan una mano sobre la cabeza de la persona mientras la bendicen. Están activando el *chakra* coronario para que la luz pueda entrar en ella. Esto es algo tan personal y potente que en muchas culturas se considera de mala educación tocar la coronilla de una persona.

Al levantar la mano en dirección a la persona que deseas bendecir estás dirigiendo la bendición hacia ella.

En las culturas orientales la bendición se llama *darshan*. Existen algunos avatares, esos seres iluminados totalmente conectados con Dios, que ofrecen *darshan* a aquellos que acuden a verles. Sai Baba tiene un *ashram* en Puttaparthi, cerca de Bangalore, India.

Sai Baba es un gran avatar. Su mera presencia es una bendición. Miles de personas acuden a sentarse en su templo, esperando poder atisbar su presencia. Su mensaje trata sobre el deber y la devoción. Si el caso lo requiere, libera las cargas de sus devotos. Cuando ofrece el *darshan* una llama cósmica dorada sale del centro de su corazón y entra en el tuyo. Si te mantienes en meditación silenciosa durante veinte minutos, mantienes esa energía divina en tu interior. Pero si hablas o distraes de algún modo tu concentración, la llama cósmica regresa a él. Si piensas visitar su *ashram* es importante ser consciente de eso, porque en cuanto él sale del templo, las multitudes empiezan a charlar y a dirigirse apresuradamente hacia la salida.

Se dice que no vas a visitar a Sai Baba a menos que él te llame. La primera vez que estuve en el ashram fue en 1991. Antes de eso se me había aparecido en algunos sueños y meditaciones, pero hacía cierto tiempo que no tenía contacto con su energía. Entonces un día me estaba dando un baño relajante cuando escuché una voz que decía, en voz alta y clara:

—Ven a la India.

Yo supe que se trataba de Sai Baba y corrí escaleras abajo envuelta en una toalla para consultar mi agenda y ver cuándo podía ir. No sabía si él se encontraba en la India ni cómo llegar allí. A la mañana siguiente atendí a una nueva clienta. Al cabo de unos minutos me dijo:

—¿Necesitas saber cómo llegar ante Sai Baba?

Sorprendida, le dije:

—Sí.

Me comentó que le había parecido que yo necesitaba esa información y ella la tenía. Cuando es hora de irle a visitar, él pone los medios. Aunque es algo especial y maravilloso sentarse frente a la energía de un gran ser, no es preciso irle a visitar en cuerpo físico. También puedes llamar a Sai Baba en una meditación y pedirle su *darshan*.

Amma, la Madre del Abrazo, cuyo mensaje es amor y tolerancia, simplemente irradia luz y compasión. Cuando ella da su *darshan*, después de abrazarte te mira a los ojos y transfiere energía divina directamente a tu corazón. Ella también libera el dolor de sus devotos. Cuando estuve en su *ashram* de Kerala muchas personas, incluyendo a los propios médicos del *ashram*, tenían infecciones oculares. Un día ella decidió absorber el dolor de todas esas infecciones en su propio cuerpo. Yo recibí el *darshan* a primera hora de la mañana, después de que hubiera estado ofreciendo bendiciones individuales durante ocho horas seguidas, sin pausa. Tenía los ojos inflamados y muy enrojecidos. Debía de estar sintiendo un dolor espantoso, pero lo soportaba. Y además su sonrisa era radiante y hermosa, como si yo fuera la primera persona a quien abrazaba.

A veces nos sentábamos con las piernas cruzadas en el suelo del templo principal durante horas, esperando que nos llegara el turno de recibir el *darshan*. Después de un rato me empezaba a doler la espalda, como si fuera a romperme, pero yo, igual que todo el mundo, de algún modo lograba aguantar. Después de la bendición nos solía permitir sentarnos detrás de ella. Siempre que estaba sentada dentro del perímetro de su aura, ni me daba cuenta de la espalda. Todos los dolores y rigidez se desvanecían. A todo el mundo a quien se lo comenté le pasaba exactamente lo mismo.

La Madre Meera es otro avatar indio que vive en Alemania y dispensa el *darshan* desde su casa. Según tengo entendido, su propósito al instalarse allí fue el de sanar la línea telúrica de Nüremberg y limpiar la energía oscura que dejaron allí las guerras, además de irradiar luz mediante su *darshan*. Acuden personas de todo el mundo para recibir su bendición silenciosa, que ofrece cuatro veces por semana. Entras en la sala principal de la casa y esperas en silencio a que ella llegue. Cada persona se levanta cuando le toca el turno y se arrodilla a sus pies. Entonces te pone la mano en la cabeza y mientras lo hace está deshaciendo tus nudos kármicos que se encuentran en el aura, por la parte de la espalda. Normalmente transmuta de un veinticinco a un cincuenta por ciento de tu karma. Entonces te mira a los ojos y asiente varias veces con la cabeza. Con cada gesto te está enviando energía divina. Por último, regresas a tu asiento y meditas para absorber la energía divina.

No puedes recibir la bendición de un avatar sin sentirte transformado hasta lo más profundo de tu ser.

Cuando bendices los alimentos y das las gracias por ellos, realizas un gesto que está cargado de energía divina. La fotografía kirlian puede captar la energía de los alimentos. Gran parte de la comida que consumimos está muerta, por la irradiación, los productos químicos, el almacenaje prolongado y una mala cocción. Cuando la bendecimos, esta comida recobra su fuerza vital. No estoy sugiriendo que nos conformemos y tomemos alimentos carentes de vida. Consume alimentos orgánicos siempre que puedas. No obstante, el bendecirlos y pedir a la Divinidad que los llene de aquellos nutrientes que necesitamos para una salud óptima puede resultar de ayuda, tanto en un nivel físico como espiritual. No hay nada más maravilloso que tomar alimentos sobre los cuales se han recitado mantras, mientras los preparaban y los cocinaban, porque esa comida contiene una bendición.

- Bendices a alguien cuando estornudas* para que la energía divina pueda entrar en él y llenarlo de salud.
- Bendice tu trabajo y éste se incrementará y estará lleno de alegría.
- Bendice a las personas que te rodean y ellas se sentirán felices y realizadas.
- Bendice tus plantas y crecerán con fuerza.
- Bendice tu hogar y se convertirá en un lugar de paz.
- Bendice tu cuerpo y llegará a ser un hermoso templo para tu espíritu.

Aquí tienes algunos ejemplos de bendiciones que puedes utilizar como afirmación para cambiar tu vida:

- Me siento bendecido por habitar en un cuerpo tan hermoso.
- Me siento bendecido por estar rodeado de personas que me quieren.
- Me siento bendecido por tener un hogar donde se respira tanta paz.

endice a todo
el mundo y llénalos
de energía divina,
y tú te abrirás
a las bendiciones
del Universo.

---

* *N. de la T.:* En inglés se dice *bless you* (bendito seas) al que estornuda, el equivalente de nuestro «salud» o «Jesús».

Ésta es una manera estupenda de bendecir los alimentos:

En nombre de Jesucristo
pido que estos alimentos sean bendecidos
para que los frutos de la tierra
puedan alimentar mi cuerpo físico
y las bendiciones mi cuerpo espiritual.

También puedes dedicar tus bendiciones:

– Bendigo mis manos
para que puedan servirte.

– Bendigo mi trabajo
para que sea realizado
para el bien más elevado.

– Bendigo mis relaciones
para que se llenen de amor.

– Bendigo a mi pareja
para que podamos amarnos
y apoyarnos mutuamente.

– Bendigo a mis hijos,
les protejo y les guío.

– Bendigo nuestro hogar
para que siempre esté lleno
de paz y de amor.

– Que mi parte divina te bendiga.

– Que pueda recibir la bendición
de tu parte divina.

La Ley del Decreto

IMAGINA una escalera con tramos extensibles apoyada contra un rascacielos. Cuando estás subiendo por las partes inferiores, puedes ver el suelo, mientras que el tejado y el cielo te parecen muy distantes. En los peldaños inferiores del camino del discípulo rogamos a Dios como suplicantes, pidiéndole que nos dé lo que queremos. Los ángeles son los intermediarios portadores de la energía de nuestra plegaria ante la Deidad.

Aquellos que tienen un nivel puramente físico de comprensión están subiendo por esta parte de la escalera: sólo creen en aquello que pueden ver, oír o sentir y piensan que están separados de los demás, o incluso que son superiores a ellos. En este nivel buscamos ayuda exterior y tenemos un concepto limitado de la inmensidad del Universo y del lugar que ocupamos en él. Esto se conoce como vivir en la tercera dimensión. En esta parte más baja de la escalera realizamos afirmaciones, que si repetimos sin cesar nos ayudan a transformar las creencias que inconscientemente poseíamos. Cuando estamos en la escalera de la ascensión, la plegaria y las afirmaciones son ayudas valiosas y positivas para el viaje. En un tramo superior de la escalera tenemos mayores opciones.

Cuando reconocemos que somos seres espirituales, los impulsos materiales se vuelven menos importantes. Nos convertimos en más confiados y deseamos trabajar en cooperación con otras personas. Al no buscar ya ayuda exterior, seguimos nuestra sabiduría interna. Esto nos facilita la entrada a la cuarta dimensión y nos permite subir hasta el siguiente tramo de la escalera. Nuestra visión del Universo se ha ampliado considerablemente.

Cuando llegamos a la parte superior de la cuarta dimensión y nos preparamos para nuestra iniciación ascensional a la quinta dimensión, nos convertimos en maestros. Esto significa que asumimos la responsabilidad de crear nuestra propia realidad. Aceptamos que somos los dueños de nuestro destino. Por tanto somos comandantes. Participamos de la creación con la Divinidad. Cuanto más arriba subimos en esa escala de maestría, más amplia es nuestra visión de la creación.

Cuando estamos ya muy arriba de la escalera, nos convertimos en seres inmensamente poderosos. Por supuesto tenemos que aceptar la responsabilidad que esto conlleva. Ya no somos marineros, ni tan siquiera capitanes. Somos comandantes de la flota. Tomamos decisiones y trazamos directrices que todo el mundo obedece. En la actualidad esto es *posible* para todo el mundo y muchas personas están aceptando la maestría total sobre sus vidas. Sabes que eres un maestro cuando ya no culpas a nadie ni a nada de tus circunstancias. Ahora, en un nivel espiritual, nos comunicamos consciente o inconscientemente con la jerarquía espiritual de luz, y decidimos cómo participar en la creación con la Divinidad. Un decreto ordena al Universo que obedezca tus órdenes. Como comandante de la flota, todo el mundo y toda cosa se pone en marcha para cumplir tus órdenes.

 Cuando dictas un decreto el Universo se pone en marcha para cumplir tu orden.

Si un marinero de cubierta gobierna la nave sin poseer claridad ni sabiduría, puede provocar el caos. Y cuando dictamos un decreto sin tener la preparación adecuada, puede que no estemos listos para los resultados. Ni qué decir tiene que un decreto tiene que hacerse con la máxima integridad y para el bien más elevado de todos.

Hazlo con humildad, sabiendo que estás al servicio del planeta.

Ordena con autoridad y claridad. Permanece con la cabeza levantada y los hombros rectos y pronuncia tu decreto en voz alta.

Los buenos directores generales consultan con los demás y hacen un trabajo de investigación antes de llevar a su empresa hacia una nueva dirección. Antes de comprometerte con un decreto, escucha a tu guía interior, y si hace falta también al exterior. Tu primer paso es decidir con mucho cuidado cuál va a ser tu decreto. Escríbelo, examínalo desde todos los ángulos posibles, comprueba que sea positivo y muy claro. Si lo crees preciso consulta a las personas de confianza para que te den su opinión sobre cualquier posible fallo.

Ésta es una fórmula para la redacción de un decreto: «En nombre de Dios y de todo lo que es luz, yo decreto...». Repítelo tres veces y termina con un: «Está hecho», o «Que así sea».

Como no nos es posible acceder al plano general mientras nos encontramos en un cuerpo físico, es mejor añadir: «por la Ley de la Gracia», o «por la gracia». Esto permitirá que el Universo active algo diferente en caso de que exista un factor del que no somos conscientes.

El decreto quedaría entonces: «En el nombre de Dios y por la gracia, yo decreto que... Que así sea». Repítelo tres veces. Cuando hayas pronunciado el decreto, como cualquier director observa los resultados y aprovecha cuantas oportunidades se te presenten para agilizar tu plan.

Debido a que tiene el poder de cambiar nuestras vidas, un decreto resulta tremendamente apasionante. No es algo que se deba hacer a la ligera. Conozco a personas que han decretado que aparezca la relación perfecta en su vida. Esto a veces ha resultado en turbulencias y dificultades. Todo lo que les está evitando que tengan una relación perfecta se les presenta de golpe. Tienen que afrontarlo y limpiarlo.

Una vez dirigí un taller de ascensión donde una mujer quería decretar que apareciera en su vida una pareja que la amara y la respetara. Le recordé que lo exterior es un reflejo del interior y le sugerí que decretara que se amaba y se respetaba a sí misma. En cuanto realizó el decreto empezó unas sesiones con una terapeuta que la ayudó a limpiar las creencias y emociones que estaban evitando que se amara y se respetara a sí misma. Durante los meses siguientes aparecieron varios hombres en su vida para reflejar sus creencias cambiantes. Siguió trabajando en ella misma durante dos años antes de poder realmente amarse y respetarse. Entonces, por supuesto, el hombre que había decretado entró en su vida.

Decretar es muy útil para conseguir las cualidades que deseamos tener. Pero hay que ir con cuidado. Si dictas un decreto para la humildad, puede que tengas que sufrir humillaciones para hacerte merecedor de esa cualidad. Si pides paciencia, te vendrán lecciones que requerirán paciencia. Si decretas amor incondicional, se te enviarán situaciones para ponerte a prueba. Ahora bien, a pesar de ello, los decretos te ofrecen una ruta rápida para que adquieras la cualidad que estás intentando desarrollar en tu vida.

Podemos decretar para que haya más luz sobre la Tierra. Si suficientes personas estuvieran preparadas para realizar un decreto así, eso ayudaría a crear un mundo más feliz.

Podemos hacer decretos para la avenencia de la humanidad y que los pueblos de la Tierra se unan. Cuando las personas honestas y de elevados valores espirituales empiecen a decretar para el bien más elevado de todas las cosas y personas de la tierra, entonces la ascensión del planeta y de los individuos tendrá lugar con mayor rapidez. El poder está en nuestras manos.

Éstos son algunos ejemplos de decreto:

- «Por decreto divino, en nombre de Dios y por la gracia, yo invoco la llama violeta para transmutar ahora todo pensamiento, pauta, creencia, condición, alianza o apego negativo que haya expresado anteriormente. Está hecho». Repítelo tres veces.

- «En nombre de Dios y de todo lo que es luz, por la gracia, decreto que todos los votos realizados en vidas anteriores o en ésta, que no sirvan al plan divino sobre la Tierra, sean rescindidos y liberados. Que así sea». Repítelo tres veces.

- «Por divino decreto, en nombre de Dios invoco

Cuando dictas un decreto el poder del Universo lo apoya totalmente.

ahora una columna de luz crística, blanca y pura, para traer el amor incondicional de la consciencia crística a la Tierra. Está hecho». Repítelo tres veces.

Las afirmaciones y las plegarias se repiten. El decreto se realiza una sola vez.

34

La Ley de la Fe

La fe es una cualidad de frecuencia tan elevada que trasciende las leyes inferiores y hace que lo imposible se haga posible. La fe permite que se obren milagros. La sanación por la fe atrae a Dios. La fe es como una roca inamovible. Sigue siendo sólida en medio de la lluvia, el granizo y las avalanchas de barro. Como tal, confiere un gran poder.

La Ley de la Fe es la siguiente: si tienes una fe total en un resultado, éste se producirá. Siempre que surjan dudas, estás abriendo una posibilidad al fracaso. Cuando tienes confianza absoluta, implícita y total en lo Divino, sabes que ocurrirá aquello que sea para el mayor bien. La fe elimina los temores.

Una muchacha me contó que había sufrido un horrible accidente de tráfico. Mientras el coche daba vueltas de campana, gritó mentalmente: «¿Voy a morir?» Se le apareció un ángel y mientras su luz la envolvía, ella supo que todo iría bien. No importaba si vivía o moría. Todo estaba bien. Como es arriba, así es abajo.

Una vez vi a un niño que, riendo alegremente, se lanzaba a los brazos de su padre desde una tapia. Tenía una confianza absoluta, implícita y total en que su padre lo cogería y no se haría daño. Por supuesto su padre le cogió y el lazo de fe que se había establecido se fortaleció. Cuando tenemos esa fe inocente en lo Divino, nos cogerán en brazos y estaremos seguros.

Fe significa escuchar constantemente a tu guía interior y tu intuición. La fe ciega es diferente. Implica poner tu confianza en algo sin tener una base. La confianza se deposita en el lugar equivocado por falta de discernimiento. La fe ciega es una mera esperanza.

Alguien me contó de un niño cuyo padre le dijo que saltara de la tapia, que él le cogería. El niño saltó y el padre le dejó caer y él mismo se hizo daño. Se volvió hacia el niño y le dijo:

—Esto te enseñará a no confiar nunca en nadie.

Cada vez que pienso en esta historia se me hiela la sangre. Pero no trata de profanar la inocencia o sobre la falta de confianza. Imagino que el tipo de padre que haría una cosa así debe de haber tenido un pasado lleno de desconfianza. Probablemente no era la primera vez que quebrantaba la confianza del niño. Por supuesto el niño *esperaba* que su padre le cogiera, pero esa esperanza tenía muy poca base. De acuerdo con la ley espiritual, si el niño hubiera tenido confianza total en su padre, éste le habría cogido en brazos.

Si construyes una casa con unos cimientos inadecuados siempre te quedará una sensación de inseguridad y duda acerca de su estabilidad. Puede que si aparecen grietas te entre la paranoia, porque podrían ser una señal de que va a derrumbarse. Una casa con cimientos sólidos no presenta ningún tipo de inseguridad profunda. Sabes que hay pequeños ajustes que hacer, pero la esencia de la casa es sólida. La confianza es tener fe en uno mismo. Si tienes unos buenos cimientos de autoestima y amor propio, serás una persona relajada y resultará agradable estar contigo. Nadie puede debilitarte porque confiarás en tus propias capacidades y los otros intuitivamente confiarán en ti.

La fidelidad es lo que llamamos fe en una relación. Toda pareja tiene diferentes reglas básicas acerca del dinero, el sexo y otros aspectos. Si tienes una fe total en que tu pareja respetará tus votos, te sentirás seguro en la relación.

La amistad también tiene sus reglas básicas. Si eres capaz de compartir una parte íntima de ti mismo y de tener una fe total en que tu amigo no se reirá de ti ni irá contando chismes, es que posees unos sólidos cimientos de confianza.

La fe es la base del éxito, de la manifestación, de la plegaria y de los decretos. Cuando tienes fe en una visión, ésta debe salir bien. Si no tienes suficiente fe, pídele a alguien que te ayude a mantener esa visión. Su fe asegurará tu éxito.

Escuché a un padre orgulloso decir acerca de su hijo, que había tenido un éxito:

—Siempre supe que triunfaría. Tenía una fe total en él.

Y el hijo comentó:

—En épocas difíciles podía oír la voz de mi padre y sabía que él creía en mí. Eso me dio la fuerza necesaria para seguir adelante.

La fe mueve montañas. Es la fuerza más grande que existe. Si tu intuición te dice que algo es correcto y sostienes esa visión con fe, seguro que saldrá bien.

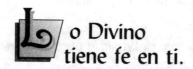

Lo Divino tiene fe en ti.

35

La Ley de la Gracia

*La gracia es una concesión
divina de misericordia.
Disuelve el karma y obra milagros.
Puede cambiar la materia.*

EL Creador es omnipotente e irradia una energía de frecuencia tan alta que está más allá de lo que somos capaces de comprender. Con un pensamiento, Dios puede acabar con el dolor, la enfermedad, la desgracia, el hambre y la guerra. ¿Pero de qué serviría eso?

Nuestra alma ha aceptado la oportunidad de encarnarse en este planeta para aprender de la experiencia de poseer emociones y un cuerpo físico. Dios nos ha otorgado libre albedrío para crear nuestra propia vida en un lugar donde cada pensamiento, palabra o acción se manifiesta.

*Hasta el momento presente,
en la Tierra hemos decidido crear
hambre, enfermedades y guerras.
Podemos cambiar esta situación
recibiendo y otorgando gracia.*

Podemos invocar la gracia para transmutar nuestras deudas, cambiar los sentimientos emocionales, sanar relaciones y el cuerpo físico. Pero debemos estar preparados para recibirla. Hemos creado todas las situaciones de nuestra vida con nuestra consciencia, y debemos aprender la lección antes de solicitar la gracia.

Somos seres privilegiados por vivir en la Tierra en una época en que existen grandes avatares encarnados en un cuerpo físico. Ellos son pura energía divina concentrada y son seres omniscientes y omnipotentes. Tienen el poder de sanar mediante la gracia. Pero tienen que obedecer las leyes espirituales. No pueden ofrecer sanación hasta que la persona no ha aprendido su lección.

Se cuenta una historia sobre Sai Baba, de quien se cree que es el más grande de los avatares encarnados en la actualidad. Una madre llevó a su hijo al ashram. El joven estaba discapacitado e iba en silla de ruedas. Alguien le preguntó a Sai Baba por qué no curaba al chico. Como respuesta les mostró una imagen de una vida pasada en que el joven discapacitado era un juez muy cruel y su madre su ayudante. Firmaron sentencias terriblemente brutales. Sai Baba dijo que todavía no habían aprendido la lección. Añadió que al cuidar de su hijo incapacitado, la madre estaba aprendiendo compasión. El hombre estaba experimentando parte del sufrimiento que tan cruelmente había infligido a otros y aprendiendo a recibir amor. Dijo que si hubiera curado al hombre ninguno de los dos habría aprendido la lección y habrían seguido siendo crueles.

Podemos conceder gracia a otros mediante la compasión, la misericordia, la empatía, el perdón y el amor incondicional. Siempre que abrimos nuestro corazón a alguien, también nosotros recibimos una corriente de amor divino. Cuanta más gracia ofrecemos, más recibimos a cambio.

La compasión, la empatía,
la misericordia, el amor incondicional
y el perdón son cualidades divinas
que confieren gracia.

Cada vez que abres el corazón con compasión, el amor que emana de ti otorga a alguien la gracia. Puede tener lugar un cambio de actitud o la liberación de un miedo profundamente arraigado, o incluso una sanación física.

El perdón es otra cualidad divina que disuelve y transmuta los bloqueos negativos. Con el perdón tiene lugar una sanación emocional, tanto de la actitud como del cuerpo físico, tanto para el que lo otorga como para el que lo recibe.

Si con amor y un corazón generoso ofreces tu último bocado de comida a un mendigo que se está muriendo de hambre, le confieres gracia. El alimento contiene algo más que calorías. Contiene amor divino y le alimentará a un nivel más profundo que la comida normal.

> *La gracia permite que tenga lugar*
> *la sanación porque las vibraciones*
> *de amor, de alta frecuencia,*
> *transmutan las vibraciones inferiores*
> *del dolor y el miedo.*

Creamos karma con nuestras actitudes. Todo sentimiento negativo o conflicto es una consecuencia kármica de actitudes egoístas.

Felicity se quejaba de que su ex marido se comportaba muy mal con ella. Un día su novio le dijo:

—Eres tú. Le saludas con mala cara y le dices cosas horribles.

Ella se quedó estupefacta y enfadada. Durante todo el día le dio vueltas al asunto y se dio cuenta de que su compañero tenía razón. Ella se portaba francamente mal con su ex marido. Así que se sentó y realmente intentó comprender de dónde venía todo. Entonces le escribió una larga carta pidiéndole perdón por su actitud con respecto al divorcio y perdonándole por todas las cosas que había hecho. Dos días después él vino a su casa y se mostró absolutamente encantador y amistoso. Intentó facilitar al máximo el tema de los niños. Se había dado un cambio total. Lo interesante es que Felicity nunca llegó a echar la carta al correo. Él notó su cambio de actitud y respondió a él. El perdón y la comprensión de Felicity hizo que la gracia alcanzara a toda la familia. Todo el mundo se sintió más feliz.

Cuando estás preparado para sentir comprensión y compasión o para perdonar, los ángeles te llevan ante alguien que puede ayudarte a liberar tu karma. Puede tratarse de un terapeuta, de un herborista, un quiropráctico, un médico alopático o un sanador. Puede que sea el vecino o alguien que pronuncie unas palabras sabias. Puede ser un libro o un programa de televisión que transforma totalmente tu actitud. En el momento en que estés preparado, te encontrarás en el lugar adecuado para poder sanarte.

A veces me preguntan si los médicos y los sanadores naturistas están trabajando para pagar su karma o si ya se han liberado de sus deudas kármicas y ahora están concediendo gracia a los demás. Muchas veces las personas se sienten atraídas hacia una profesión sanadora en particular por su propia sanación y para que eso les permita completar un ciclo kármico. Es la generosa entrega de sus facultades, realizada desde el corazón, lo que transmuta su karma y al mismo tiempo otorga gracia a los demás. Me gusta pensar que muchos profesionales del campo de la sanación están ahora simplemente dispensando gracia.

Los sanadores son canales
a través de los cuales pueden circular
vibraciones de alta frecuencia.
Son instrumentos de la gracia.

Los ángeles trabajan con la gracia, susurrándonos constantemente que pensemos, que hagamos o digamos eso que va a disolver nuestro karma. Entonces intentan ayudarnos a perdonar a otros o a tomar decisiones para nuestro bien más alto, para que vivamos en la luz.

Siempre hemos tenido la posibilidad de pedir gracia a la Fuente para perdonar nuestros pecados y disolver un lastre de deudas kármicas. Pero ahora, como vivimos en una época tan increíble de evolución para nuestras almas, se ha decretado una amnistía general divina. Esto significa que la gracia se otorga más fácilmente que antes. No obstante, hemos de ser considerados dignos de recibirla. Así que si has hecho todo lo posible para resolver una situación o una relación, pide a la Divinidad que te otorgue la gracia y te será dada. Tú puedes ayudar a traer la gracia a nuestro planeta.

Cuanto más abras el corazón para dar la bienvenida a extraños, para soltar la rabia o para cuidar de los enfermos y personas seniles, más gracia se derramará sobre el planeta. Cada vez que rezas por otro o ayudas a otro con amor, el planeta se llena más de luz.

Concede y recibe gracia, que es la misericordia divina que libera al ser humano.

❋

36

La Ley del Uno

SI vuelas por encima de las nubes sólo verás la gloriosa luz del sol. Por debajo de las nubes existe luz y sombra. En el cielo sólo existe luz. En la Tierra experimentamos luz y oscuridad. Ésta es la dualidad que proviene del libre albedrío del que gozamos en la Tierra. Más allá de la quinta dimensión sólo hay luz. Estemos donde estemos, todo es perfecto. Todo es Dios y todos somos una parte de Dios. La dualidad es simplemente una experiencia para aprender a expandir nuestra luz.

Si una pareja casada que se ama profundamente está separada por la distancia física, en realidad no existe separación. Están conectados por cada uno de sus pensamientos y anhelos. La vida nos ofrece la ilusión de que estamos separados de Dios para que podamos aprender que realmente somos todos uno.

En la quinta dimensión
sólo existe una ley espiritual.
Somos todos uno.
Todos somos parte de Dios.

Esto significa que yo soy cristiano, hindú, budista, musulmán, judío, sikh.

Soy negro, cobrizo, amarillo, blanco.
Soy macho y soy hembra.
Soy homosexual, heterosexual.

Soy animal, vegetal, mineral.

Soy rico. Soy pobre.

Soy humano. Soy divino.

 No existe diferenciación.

Todo es uno.

Imagina una alfombra de un diseño exquisito e intrincado, de vivos colores. Los hilos son todos iguales pero los colores son diferentes. Cada color tiene su función. La oscuridad realza la luz. Son las diferencias de color y textura lo que hacen que el tapiz de la vida resulte tan apasionante.

Tú eres un hilo importante de esa alfombra, una parte del todo.

Un ser tridimensional teme a las diferencias entre las razas y los sexos, entre todas las cosas de la creación. Cuando sabes que todos somos uno, respetas las diferencias.

En la quinta dimensión, la ley dice: «Haz lo que te gustaría que te hicieran a ti». Si un hilo de la alfombra resulta dañado, el conjunto se ve mermado. Si un hilo es realzado, también lo es el conjunto. Sea lo que sea lo que le estás haciendo a alguien, a la larga te lo estás haciendo a ti mismo.

Antes de actuar, tómate un momento para pensar: «¿Cómo me sentiría si me hicieran esto a mí?». Puede que entonces quieras tomar otras decisiones.

Si te gustaría que alguien se llevara esa suciedad que tienes en el jardín, recoge el envoltorio de caramelo que ha ido a parar al suyo.

Yo estaba haciendo unos arreglos en casa e invirtiendo mucho dinero y esfuerzo en ello. Le dije a mi hija Lauren, que es un alma muy sabia:

—¿Qué te apuestas a que ahora nos cambiaremos de casa?

Ella replicó:

—Por supuesto la intención es dejar la casa tal como a ti te gustaría encontrar tu siguiente hogar, ¿o no?

Tiene razón. Le di las gracias por recordármelo. Después de eso realmente disfruté mejorando mi hogar, sabiendo que todo aquello que hago para mí misma lo estoy haciendo para el conjunto.

Todo el mundo se encuentra en su propio camino de regreso a la Fuente. ¿Quiénes somos nosotros para juzgar el camino que otro ha emprendido? Nuestra tarea es hacer las cosas lo mejor que podamos. Aunque también tenemos que reconocer y respetar nuestras características humanas. Es muy difícil que lleguemos a ser perfectos mientras estemos en el plano terrestre.

Si constantemente criticas o buscas defectos a un niño, nunca conocerás su grandeza. Si repetidamente le gritas a tu perro, será una criatura desdichada. Si eres autocrítico tu luz brillará menos de lo que puede llegar a brillar. Cuando aceptas a todas las criaturas y rindes honor a su parte divina, ellas florecerán y tú también.

Al igual que todos los seres espirituales con aspiraciones, intento hacer aquello que predico e, inevitablemente, cometo errores. Recuerdo que una vez estaba hablando con mi guía sobre ello. Me dijo:

—Siempre te estás criticando y sintiéndote mal si estás enseñando algo que tú misma todavía no has incorporado a tu vida. Te decimos que es *la parte de ti que ha aprendido perfectamente la lección* la que está transmitiendo la enseñanza. Relájate y sé amable contigo misma.

La Ley de la Unidad consiste en aceptar a todos y a todo tal como son, sin juzgar. Esto te incluye también a ti.

Las barreras protectoras que erigimos para defendernos evitan que seamos uno con los demás.

Nunca te puedes acercar del todo a una persona que lleva una gruesa protección. Es sólo cuando alguien comparte algo de sí mismo que nos sentimos cercanos a él. Nos están pidiendo que empecemos a bajar ahora las defensas que nos mantienen separados, porque según estemos alejados de los demás, estaremos alejados de Dios.

El dogma crea estructuras rígidas y muros. Esas estructuras forman parte de la Vieja Era que está terminando.

Los secretos nos mantienen encerrados tras los muros. En esta época los esqueletos están saliendo a la superficie. Resulta extraño el modo en que nuestros propios secretos nos parecen tan terribles. Para otra persona no resultan tan malos. Un secreto compartido es un muro que se ha disuelto.

Tú eres la luz del mundo. Nada puede menoscabar la maravilla de tu luz. Sólo los muros la pueden esconder. Busca tu propia luz en tu interior y busca la luz en los demás.

 Cuando somos uno, no necesitamos muros de separación.

La nueva espiritualidad trata sobre la creación de puentes. Cuando vivimos la Ley del Uno, construimos puentes buscando el denominador común entre religiones, pueblos y conflictos.

Siempre que hagas daño a una parte de la creación de Dios, la que sea, te estás perjudicando a ti mismo y a Dios. Igual que tú fuiste invitado a estar aquí, para realizar este aprendizaje en la Tierra, también lo han sido los animales, insectos, árboles y plantas. Todos están aprendiendo y evolucionando. Son nuestros hermanos menores. Si profanas la tierra, estás dañando el conjunto de la creación. No obstante, tienes derecho a tu espacio igual que un animal tiene derecho a su territorio.

Así que si tu cocina está invadida por las hormigas, ¿qué es lo que haces? Primero hablas con el Yo superior o el alma colectiva de las hormigas y les recuerdas que ése es tu territorio. Les pides que se muden a un tronco del jardín o a un árbol de la calle, donde estarán seguras. Si ignoran dos avisos, diles que tendrás que devolverlas a la luz si no respetan tu espacio. Si están fuera de tu casa no tienes derecho a matarlas. Respeta a los árboles y a las plantas diciéndoles con el pensamiento que vas a podarlos. Actúa sin hacer daño.

Cuando comprendes la Ley del Uno aceptas tu propia divinidad. Empiezas a hacerle caso a tu intuición en lugar de buscar respuestas ahí fuera. Participas de la creación con Dios.

En la Tierra tendemos a separar lo bueno de lo malo, la luz de la oscuridad. Pero la oscuridad sirve a la luz. Es tu servidora y tu maestra. Cuando así lo reconoces, trasciendes la dualidad y entras en la unidad.

Una madre que ama a su hijo le ayuda a crecer. Sabe que el niño lleva en su interior un embrión de adulto, que simplemente tiene que experimentar y crecer para alcanzar la condición de madurez. Al igual que ese niño, tú estás aquí para experimentar y crecer. Tu espíritu es divino y, como hace la madre, te está mostrando el camino.

 Unidad es aceptar tu propia divinidad.

Sólo existe el Uno.
Ése es Dios.
También eres tú.

Si deseas más información sobre los libros, cintas y talleres de Diana Cooper, puedes consultar su página web:

www.dianacooper.com

Índice